HAARE GUT –
ALLES GUT!

IM AMBIENTE VON WIND UND WASSER

OLIVIA MOOGK

FRANK BRORMANN

//////////////////////// SILBERSCHNUR //////////////////////////////

1. Auflage Dezember 2002

Copyright © 2002 by Olivia Moogk und Frank Brormann
Alle Rechte vorbehalten
Fotos siehe Bildnachweis, Seite 125

Gestaltung und Typografie Lars Beusker
Font FF Fago™ Condensed

Druck Finidr, s.r.o., Cessky Tesin
ISBN 3-89845-032-5

Die Schreibweise entspricht den Regeln
der neuen Rechtschreibung.

Verlag »Die Silberschnur« GmbH
Steinstraße 1 · D-56593 Güllesheim
www.silberschnur.de · e-mail: info@silberschnur.de

In der grenzenlosen Weite der Zeit
suche ich einen Platz um auszuruhen
baue ein Schloss aus Träumen
lege mich in den Tag
und decke mich mit meinen Wünschen zu
ich spüre die Wärme die mich umgibt
spiele Ball mit meinen Gedanken
und trinke zufrieden das Morgen

© Marita Utlaut

»Willst Du Dein Leben ändern,
dann fange sofort damit an
und tue es mit heller Begeisterung
und ohne Einwände.«

William James

INHALT

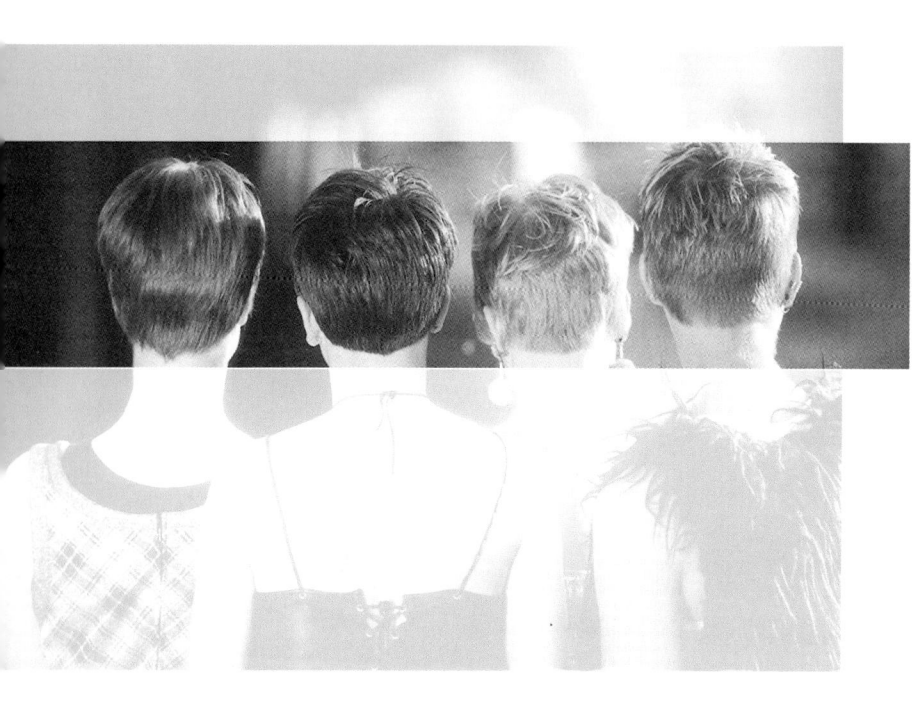

Haare sind wie Wolken, feine Gewebe im Fluss der Ewigkeit. Und doch sind Haare weder ewiglich noch bloße entmystifizierte *Hautanhangsgebilde*, wie es in den Lehrbüchern der Friseure steht. Ich fühle mein Haar an und streiche es nach hinten, um mich zu konzentrieren. Ich hoffe, so den Faden zu finden und mit »freien« Ohren die richtige Eingebung für den Titel meines Buches auf diese Weise besser »zu hören«. Das nach hinten Streichen der Haare tut gut. Plötzlich muss ich kichern, denn Ulla streicht sich auch die Haare nach hinten. Wir sitzen am Feuer im Garten und es ist schon spät. Ulla ist Reporterin und meine beste Freundin. Sie ist Ende zwanzig und trägt ihre langen Haare offen, eine Aussage, die zu ihrem Single-Dasein passt und signalisiert: »Ich bin noch zu haben«. Ich kenne diese Sprache. Ich habe sie immer wieder beobachtet. Außerdem weiß ich, dass Ulla mit Vorliebe das Haar über das linke Ohr aus dem Gesicht streicht, denn sie hat, so deutet sie damit unbewusst an, ein offenes Ohr für das männliche Geschlecht. Gerade als mir dieser Gedanke durch den Kopf geht, kommt Edward wie aus heiterem Himmel den Weg zum Haus hinauf. »Wie findest du ihn?«, frage ich sie spontan. Sie wirkt wie abwesend, als wenn sie mich nicht gehört hätte. »Was meinst du?«

Edward ist ein sanfter Frauenheld, Mitte dreißig und ewig auf Jagd nach dem weiblichen Geschlecht. Heute sieht er besonders gut aus. Sein lockiges, dichtes Haar fällt mit einer Strähne ins Gesicht und hinter seinem sympathischen Lächeln und der runden, kleinen Brille verbirgt sich ein Mann, der weiß, dass er gewinnt. Die letzte Stufe erklimmend, schaut er Ulla geradeheraus an. Von der Seite aus gesehen sieht sie wie ein williges »Opfer« aus, denke ich. Sie lächelt ihn an. Er lächelt zurück. Ein bisschen zu lange für meine Begriffe, denn mehr als fünf Sekunden in die Augen schauen ist verdächtig. Da ist doch was, was der andere hat und mich neugierig macht, oder? Ich habe mich lange genug mit diesen Dingen beschäftigt, um zu wissen, dass da ein Funke übergesprungen ist.

Edward ist Konzertpianist und immer auf Achse. Er kommt soeben von einer Tokio-Tournee zurück und hält etwas Winziges in seiner Hand. »Ich habe versucht, euch anzurufen, aber es ist niemand rangegangen. Da habe ich gedacht, ich schaue mal vorbei um zu sehen, was ihr so macht.« Edward ist sichtlich begeistert, uns anzutreffen und setzt sich geradewegs dazu. »Das habe ich euch mitgebracht«, sagt er fast triumphierend und fragt mich, ob ich mit meinem Buch fertig sei. »Ist ja nicht mein

Buch«, höre ich mich sagen. »Frank und ich schreiben es zusammen. Er ist nun mal der Fachmann, was Haare betrifft, und ich bin die Fachfrau für Feng Shui. Wobei Feng Shui vor Tausenden von Jahren nicht nur auf den Raum beschränkt war, sondern sich auch mit dem Menschen befasste. Ich würde das heute ganz einfach das *haarige Feng Shui* nennen«, lache ich. »Aber Frank ist der Könner, der unumstößliche Meister seines Faches. Ohne ihn ein Buch über Haare zu schreiben wäre anmaßend.« »Habt ihr schon einen Titel?«, fragt Edward interessiert, während ich einen Holzscheit auf das Feuer lege. »Nein«, stöhne ich, »fertig sind wir noch nicht und ein Titel will mir auch partout nicht einfallen.« Plötzlich legt Edward mir einen kleinen Stempel in die Hand. In schöner japanischer Schrift soll dort stehen *Alles wird gut*. Na bitte! Entschieden werfe ich meine Haare in den Nacken zurück. »Jetzt weiß ich es! Das Buch muss heißen *Wind-und-Wasser-Ansichten*, so und nicht anders! Da müssen erst die Japaner oder Edward kommen, damit mich der lang ersehnte Geistesblitz trifft!« Edward ist verblüfft und erfreut zugleich, auf diese Weise zur Titelfindung beigetragen zu haben. Zufrieden lege ich weitere Holzscheite nach und fülle die Gläser mit Rotwein.

Es wird ein langer Abend und die laue Sommerluft entpuppt sich später als kühle Gefährtin. Wir sitzen um das Feuer, trinken Wein und kommen in Gedanken von Tokio, dem Wetter und den Menschen zu Haaren und Saloninhabern. Ich ahnte nicht, wie sehr das Thema die Gemüter bewegen würde. Schließlich werfe ich Franks Thesen zu offen getragenen, langen Haaren und Kurzhaarträgerinnen in die Runde. Das erhitzt die Gemüter. Der Rotwein tut sein Übriges. Zu vorgerückter Stunde merke ich, wie Ulla ihr Haar immer wieder, scheinbar unabsichtlich, in Kontakt mit Edwards Arm kommen lässt. Mal lässt sie es nach vorn fallen und dann wieder legt sie ihr linkes Ohr frei, um das Haar dann erneut herunterfallen zu lassen. Edward bemerkt nichts, zumindest scheinbar. Aber Männer brauchen ja aufgrund ihrer Gehirnstruktur ohnehin länger, um solche Feststellungen zu treffen. Edward, der nach HELEN KELLERS Motto *Das Leben ist entweder ein gewagtes Abenteuer oder gar nichts* durchs Leben geht, diskutiert heftig und behauptet entschieden, dass die These *Männer mit dünnen Haaren seien nicht so attraktiv* nicht stimmen könne. Sein Großvater habe fast eine Glatze gehabt und sei dennoch hoch aufgestiegen. Ich frage ihn, ob er korpulent gewesen sei. Er bejaht, schließlich seien seine Großeltern vom Lande gekommen. »Siehst du«, höre ich mich sagen, »die Sache ist doch aus chinesischer Sicht ganz klar. Korpulente Menschen mit dünnem Haar gehören zur Energieform Yin. Da ein Mann eher muskulös, stark und groß sein sollte, also das Yang verkörpernd, muss er besonders kämpfen, wenn er Erfolg haben will. Also war er ein Kämpfer, oder?« Ich entnehme seinem vor Staunen offen stehenden Mund, dass es stimmt.

Wir sind so ins Gespräch vertieft, dass Edward Ullas Anbaggern anscheinend gar nicht bemerkt. Typisch Mann, denke ich, er kann eben nur eins nach dem anderen und nicht zwei Dinge auf einmal. Ich schaue ihn schmeichlerisch an. »Du hast volles Haar, glänzend und in einer schönen, rehbraunen Farbe.« Er fühlt sich offensichtlich wohl bei meinen Worten und legt den Kopf genüsslich zurück, wobei sein lockiges Haar sich im Nacken noch mehr kräuselt. »Du hast es leichter, im Leben vorwärts zu kommen und zu Erfolg zu gelangen. Hättest du dickes, störrisches Haar, dann müsstest du aus Wind-und-Wasser-Sicht mehr um den Erfolg kämpfen. Wenn du dann noch eine raue Haut und stumpfe Haare hättest, könntest du unter Umständen zum Geiz neigen.« Ulla unterstützt mich. Frauen halten ja bekanntlich zusammen, wenn es um Männer geht. Sie hat glattes, glänzendes Haar, von dem Wind-und-Wasser sagt, dass Menschen mit diesen Haaren sanftmütig und intelligent seien und sich von Schönheit angezogen fühlen. Ulla kennt einen Typ mit stumpfem, dichtem Haar und einer Haut wie von Wind-und-Wasser gegerbt. »Der ist so geizig, dass er sich erst eine neue Reisetasche gönnt, wenn die alte wirklich nicht mehr zu reparieren ist. Seine Firma floriert, er kauft ein Haus nach dem anderen, aber wenn es um ihn selbst und Kleinigkeiten geht, dann geizt er. Lieber geht er in einen entfernten Billigmarkt als in den Laden um die Ecke, nur um ein paar Cent zu sparen.« Geizige Leute sind uns ein Graus. Wir leben nach ARTHUR LASSEN, der meint, dass der, der bekommen möchte, zunächst einmal geben sollte. Eine alte Wegbegleiterin, die Else, drückte das immer so aus: *Gibst du Gutes, kriegst du Gutes tausendfach zurück.*

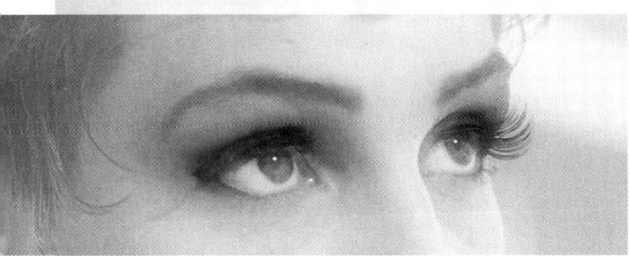

Ich bin gerade in meinem Element und habe Spaß daran, die Diskussion weiter zu entfachen. »Wisst ihr, dass Frauen, die ihre Haare mit Lockenwicklern wellen, romantisch veranlagt sein sollen? Nach Ansicht von Wind-und-Wasser-Experten wollen sie ein Leben mit allem Komfort. Meist erreichen sie es auch ohne große Anstrengung, wenn auch nicht immer auf seriöse Art.« Ich sehe, wie Edward die Arme vor seinem breiten Brustkorb verschränkt, die Beine übereinander schlägt und scheinbar nicht konform mit meiner Aussage gehen kann. Wie sich später herausstellt, ist das genau der Typ Frau, der immer bei ihm landet. Da ja Gleiches Gleiches anzieht, ist das sonnenklar. Da er das luxuriöse Leben verkörpert, zieht er Frauen an, die es mit ihm teilen wollen. Barbara, meine Freundin, ist auch so ein Typ. Sie angelte sich einen Mann, der ihr ein Leben in Saus und Braus eröffnete. Allerdings war er wenig zuverlässig und kam eines Tages in der Tat vom Zigarettenholen nicht mehr zurück.

Mittlerweile ist Norbert, ein Studienkollege, dazu gekommen. Er hat die neuesten Zeitungsausschnitte zum Thema Wind-und-Wasser, Feng und Shui mitgebracht. Er sammelt alles, was er zu diesem Thema findet. Samstagabende am Feuer haben doch einen besonderen Reiz, denke ich. Erst recht, wenn man für Freunde offen ist und gern guten Rotwein schlürft.

Norbert weiß viel und ist in der Regel ein wandelndes Lexikon. Er nickt heftig, als ich behaupte, die Wind-und-Wasser-Regel besage, dass Frauen, die ihr Haar mit dem Ondulierstab wellen, das luxuriöse Leben bevorzugen und weniger Wert auf Details legen. Er kannte eine Frau dieses Typs. Sie war Stewardess. Aber sie war nicht lange mit ihm zusammen. »Kannst du dich erinnern, welche Frisuren AUDREY HEPBURN oder MARILYN MONROE trugen?«, werfe ich ein. MARILYN, die Frau mit dem kurvenreichen Körper und den blonden, sanft gewellten Haaren zog durch ihr Aussehen die Männer an wie Motten das Licht. AUDREY hingegen glänzte mit Können. Mit ihren rehbraunen Augen und Haaren verkörperte sie Feinsinn, Romantik, Eleganz und Treue. AUDREY HEPBURN war eine Filmdiva ihrer Zeit. Als JULIA ROBERTS zur Oskarverleihung im Jahre 2001 erschien, trug sie eine moderne Kopie von AUDREYS Frisur. Was sagt ihr dazu? Ulla meint, dass JULIA ROBERTS aussah, als ob sie jenes Signal setzen wollte: »Ich bin die Diva dieses Jahrzehnts!«

»Frauen mit kurzem Haar sind aber interessanter«, ereifert sich nun Norbert. Ich erhasche Ullas Blick. Ganz offensichtlich gefällt ihr die Aussage nicht. Norbert ist ins Fettnäpfchen getreten und windet sich jetzt sichtlich unwohl aus der Situation. »Na, ich meine für mich jedenfalls. Das ist meine Erfahrung. Ich finde Frauen mit kurzen Haaren gut. Sie wirken sehr eigenständig und nehmen die Dinge gern selbst in die Hand.« Wir prusten los vor Lachen. Jetzt bemerkt auch Norbert, welche Doppeldeutigkeit ihm da entfleucht ist und wird verlegen, wie er es immer tut, wenn es um Sexus und Frauen geht.

Ich werfe Franks These ein, dass Frauen mit kurzen Haaren oft eine schwierige Kindheit hatten. »Manche haben nicht die erhoffte Zuwendung ihrer Eltern erhalten und sehnen sich umso stärker nach Liebe und Anerkennung.« »Na, das ist ja eine heiße Feststellung«, meint Ulla, und ich bemerke, wie sich die Gemüter bei dieser Aussage, Feuer und Wein sichtlich erhitzen. »Meine Freundin Madlen zum Beispiel«, fährt Ulla nachdenklich fort, »ist eine attraktive Boutique-Besitzerin in Paris. Wenn ich dort bin, gehe ich immer zu ihr, weil die Sachen, die sie verkauft, dem Trend der Zeit voraus sind und wir zudem über Gott und die Welt reden können. Als ich im Mai bei ihr war, erzählte sie mir von ihrer Kindheit. Ihr Vater war ein weniger bekannter Maler und ihre Mutter Schneiderin. Sie selbst hatte die Anlagen ihres Vaters geerbt und Kunst studiert. Als sie selbst zu malen anfing, erhoffte sie sich väterliches Lob und Anerkennung. Das aber blieb aus. Im Gegenteil, der Vater reagierte eifersüchtig auf das Können seiner Tochter. Just in dieser Zeit ließ sie sich die Haare abschneiden. Sie seien ihr zu mühselig zu kämmen gewesen, behauptete sie. Ich vermute aber im Licht von Franks Thesen, dass dies einen anderen Hintergrund hatte.«

Die Nacht ist sternenklar. »Habt ihr Erfahrungen mit Frauen, die kurzes, gewelltes Haar haben?«, möchte ich wissen. »Sie sollen in Liebesangelegenheiten eher konservativ sein.« Norbert nickt zustimmend und resümiert, dass Gott Lob seine jetzige Freundin einen ganz anderen, sehr kurzen, modernen Haarschnitt habe. Sichtlich vergnügt interessiert es ihn nun, was Wind-und-Wasser denn dazu sagt. Ich finde es gut, dass er sich in unsere Abendrunde integriert und offensichtlich den Lustfaktor Haare entdeckt hat. »Frauen mit dem letzten Schrei in punkto Frisuren werden als unabhängige Frauen angesehen, die sehr offen sind«, erläutere ich. »Ja, das sei sie«, nickt er zustimmend. »Sie ist ganz und gar selbstständig und tut, was ihr gefällt.« Toll, denke ich, denn eine andere passt auch gar nicht zu unserem alten, liebenswerten und fast schon eingefleischten Junggesellen Norbert. Aber Norbert ist sowieso ein besonderer Mann, ein Seitenscheitelträger, stets wie aus dem Ei gepellt. Haare seien Vertrauenssache, meint er, und wenn er zum Friseur gehe, dann sei für ihn die Hauptsache, dass der Haarschnitt stimme. Die anderen nicken bestätigend. Aber wer kann das schon richtig? Während Edward am liebsten zum schwulen Gregor nach London reist, um sich die Haare machen zu lassen, fährt Ulla zu Michel nach Frankfurt. Und ich selbst tappe da völlig im Dunkeln. »Ich habe noch niemanden gefunden, der mich wirklich gut berät, außer natürlich Frank, aber der ist eben meistens hunderte von Kilometern von mir und meinen Haaren entfernt. Wenn ich dann in einen Salon gehe und einfach sage, man möge doch bitte kreativ sein, sehe ich, wenn ich Glück habe, für die nächsten Stunden gut aus; spätestens nach dem Aufstehen aber erwartet mich dann die gewohnte Erkenntnis: *Das war mal wieder nichts.* Das frustet und schmerzt im Portemonnaie.«

Alle stimmen mir zu. Der Schnitt ist wichtig, aber die Beratung muss dem Schnitt vorangehen. Außerdem, so Ulla, gehe sie lieber dorthin, wo die Atmosphäre stimme, wo angenehme Lichter, Pflanzen, Wasser und schöne Farben die Umgebung beherrschen. Von Ausnahmen abgesehen scheint Männern dies wohl weniger wichtig, denke ich. Frauen sind da eben anders, sensitiver und wollen mehr das Drumherum, mehr Service, mehr Ambiente, mehr Beratung, mehr Friseur, eben mehr von allem, oder? »Es kann also kein x-beliebiger Friseur sein und auch kein x-beliebiger Ort, oder was meint ihr? Würdet ihr in einem Ambiente sein wollen, in dem es an allem mangelt?«

Ich rufe zu später Stunde Frank an, denn Frank kennt sich aus. Er ist Spitzenklasse und Friseur vom Feinsten. Er kommt in der Welt herum und kennt die Gepflogenheiten. »Schau doch in die Geschichte«, meint er. »Haare sind wichtig und sprechen ihre eigene Sprache.« Frank ist die wichtigste Person in der Friseurbranche, jedenfalls für mich. 20 Jahre lang hat er seine Kunden beobachtet und sich auf seine Klientel eingestellt. Wenn er erzählt, tut er dies gründlich und fängt am liebsten ganz von vorn an. Deshalb verabreden wir uns für die nächste Woche in seinem Landhaus, nicht um mir gründlich die Haare zu waschen, wohl aber, um mir gründlich von seinen Erfahrungen zu erzählen.

Als ich den Hörer auflege, ist es rabenschwarze Nacht. Das Manuskript zu unserem Buch wird sicher noch einen Input erhalten, denke ich und gähne nach Herzenslust. Das Feuer ist fast niedergebrannt, und wir haben das Gefühl, für heute genug über Haare gesprochen zu haben. Wir verabreden uns für drei Wochen später in altbewährter Runde. Ich höre mich versprechen, dass ich jedem das Manuskript vorab zusenden werde, um Meinungen einzuholen. Zwar wird Edward nicht dabei sein, da ein Konzert in Mailand ansteht, aber von Ulla und Norbert werde ich sicherlich genügend Anregungen erhalten. Langsam werde ich bettschwer. Das Grillenzirpen ist wie Musik in meinen Ohren. Edward begleitet Ulla zum Auto. Und als ich schon bettfertig alle Lichter lösche, sehe ich Ullas Auto noch immer vor dem Haus stehen ...

Eine Woche später bin ich bei Frank. Sein Landhaus ist ein Traum zwischen Rehen, Kühen, Hasen und Füchsen. Alles da und alles fast zum Anfassen. Hier entspannt er sich, und hier kreieren wir Gedanken zu unserem Buch, während seine Liebste uns mit Cappuccino verwöhnt. Ich bitte auch um ein Glas Wasser, wie ich es immer tue, wenn ich Kaffee trinke. »Wusstest du, dass Kaffee dem Körper Wasser entzieht und man dies ausgleichen kann, indem man zu jeder Tasse Kaffee ein Glas Wasser trinkt?« Frank weiß es. Er hat sein Granderwassersystem schon eingebaut und kann energiereiches Wasser aus der Leitung trinken. Natürlich auch im Salon, denn *lebendiges* Wasser auch zum Haare waschen zu benutzen ist die Zukunft, die bei Frank schon längst begonnen hat. Bei ihm ist es selbstverständlich, dass die Kunden zum Kaffee ein Glas Granderwasser erhalten. Ganz unaufgefordert, eben Service, der gut tut. Frank beginnt: »Haare sind wie Pflanzen, die im Körper der Erde stecken. Wenn es lebendiges Wasser fertig bringt, dass Pflanzen schneller wachsen und sich besser entwickeln, dann wird dies auch für die Haare zutreffen. Denn Goethe sagte schon: *Müsset in Natur betrachten, immer eins wie alles achten.*«

Frank sprüht förmlich vor Lebendigkeit. Sein kurzer Haarschnitt macht ihn unabhängig von Wind und Wetter und wirkt dynamisch. Er hat seine Erfahrungen gesammelt und spricht – bei Cappuccino mit köstlich aufgeschäumter Milch und dem obligatorischen Glas lebendigen Wassers – über sein Steckenpferd, die Haare, die bei ihm Beruf und Berufung zugleich sind. Frank wird ganz ernst, als ob er zurückblicke, und beginnt: »In der Tat spielen schon im Mutterleib die Haare eine wichtige Rolle. Das Baby kommt mit Flaum bedeckt zur Welt. Sein Welteneintritt wird von seiner Mutter und in Berührung mit ihr maßgeblich beeinflusst. Ihr Gesicht und in zunehmendem Maße auch das des Vaters werden wichtig für seine Orientierung, seinen Beziehungsaufbau. Das Kind entdeckt den Genuss, mit den Haaren der Bezugspersonen zu spielen, daran zu ziehen, sie in kitzelnder Weise an seinem Körper zu spüren. So werden die ersten Haarerlebnisse im Unterbewusstsein gespeichert. Dies ist bereits der Beginn für Vorlieben oder Abneigungen in späteren Jahren. Die Mutter wird zunächst als die Vollkommene betrachtet. Erst wenn sich im Verlauf der späteren Jahre ein Abnabelungsprozess ergibt und wenn das Kind selbst über seine Frisur bestimmen kann, werden sich die Haare ändern. Gleiche Frisuren tragen genauso wie gleiche Kleidung dazu bei, sich untereinander besser zu verstehen, einerseits über den *Dresscode* und andererseits über den *Haarcode.*« »Ja«, sage ich, »als ich in Ägypten war und in aller Ruhe Sonne und Strand genießen wollte, sah ich vor meiner Liege drei Mädchen, die sehr auffällig miteinander tuschelten. Alle drei hatten fast gleich lange, blonde Haare und dieselbe Art Bikini. Sie waren sich einig. Sie wirkten wie Freundinnen, die sich gut über die Codes verstanden. Eine Wellenlänge zueinander zu haben bringt es in der Regel mit sich, auch einen ähnlichen Stil zu bevorzugen. Übrigens bin ich immer wieder erstaunt, wie sich auch das Verhältnis zwischen Schwiegertöchtern und Schwie-germüttern über den Haarcode ändert. Nehmen wir zum Beispiel Wally, eine Frau in den besten Jahren, die ihrer Schwiegertochter immer vorschreiben wollte, wo es lang ging. Sie selbst trug kurze, stark toupierte Haare, blondiert und mit Haarspray im Zaum gehalten. Ihre Schwiegertochter hatte dunkelblondes, schulterlanges Haar und trug es zu einem Dutt oder im Nacken gebunden. Beide verstanden sich nicht sonderlich. Wally mäkelte ständig an den Haaren der Schwiegertochter herum und insistierte, wie gut es sein würde, diese abzuschneiden. Mit den Jahren wurde der Haarschnitt der Schwiegertochter kürzer. Als sie eines Tages die Haare fast gleich blondiert und kurz geschnitten hatte, strahlte die Schwiegermutter. *Jetzt siehst du aber gut aus. Das steht dir wunderbar*, triumphierte sie, ihre Schwiegertochter in die Arme schließend. Haar-code gut, alles gut, oder? Dass sich bei der Schwiegertochter ein Wandel vollzogen hatte, war klar, sonst hätte sie nicht Länge und Farbe der Haare geändert. Was aber wirklich dahinter stand, erfuhr Wally nie. Die Schwiegertochter hatte sich frisch verliebt und die Haare wurden heller so wie ihr Gemüt. Für sie symbolisierte *Haare ab* einen Schritt in einen neuen Lebensabschnitt, sich freier zu fühlen und unabhängig. Ob Wally das wohl ahnte?«

Zur Zeit der Beatles waren es die langen Haare, die Protest gegenüber dem Althergebrachten anzeigten, ein Haarcode, der eine neue Zeit einläutete. Protesthaltung und die Identifikation mit Idolen der Zeit nahmen starken Einfluss auf die Frisurgestaltung. »Na«, höre ich mich sagen, »ich hatte auch so eine Zeit. Bei mir war Mireille Matthieu in. Da mussten die Haare glatt sein und der Pony in die Stirn fallen, dicht und schön rund geschnitten. Und schon war ich meinem Idol umso näher, wenn ich im Bad vor mich hin trällerte. Es war der Zeitgeist und meine Art der Identifikation mit dem Braven. Könnte man verallgemeinern, dass jeder, der die Haare trägt wie sein Idol, sich mit diesem identifiziert? Jetzt haben wir Britney Spears, die mit ihren langen, gesträhnten, blonden Haaren zur Nachahmung animiert. Natürlich sagt sie nicht *lasst eure Haare lang wachsen und strähnt sie!* Sie wird angehimmelt und damit die Art, wie sie ihre Haare trägt.« Mir kommt die Idee:

»Wenn die Pop-Ikonen der Zeit angehimmelt und nachgeeifert werden, was liegt denn dann näher, als sich gerade ihrer werbungsmäßig zu bedienen? Ihre Haare und ihr Haarschnitt geben doch den Trend an, oder?« Frank stimmt mir zu. Er ist Friseurmeister und einer der ganz Großen im Geschäft. Er muss wissen, wie es läuft. Aus seiner Sicht stylen die Figaros den Stars Trendy-Frisuren, die durch die Berühmtheit ihrer Träger ihrerseits den Trend angeben. Dabei nimmt die Frisur den Zeitgeist auf und ist natürlich optimal auf die Person hin abgestimmt. Das Gesicht gibt vor, ob die Haare zur Seite, nach vorn oder hinten gestylt werden. Das ist dann das Optimum. Auch die Hautfarbe ist im Idealfall die Grundlage für die passende farbliche Haarveränderung. Aber dazu später.

»Hast du heute Lust auf Spargel?«, fragt er mich. Habe ich und ob! Aber jetzt muss ich zunächst einmal in den Schatten fliehen, sonst riskiere ich den ersten Sonnenbrand dieses Jahres. Wenn ich Frank so ansehe, wird mir klar, dass er seine Haare mit einem guten Sonnenspray schützt. Und was tue ich? Na, ich werde mich bessern. Dann kommt Trude. Es ist heiß und die gute Seele hat für Wasser gesorgt.

Stirnfrei

»Lass uns einfach noch einmal in die Zeit zurück blicken, in der wir unsere Haare noch stirnfrei trugen, nämlich im Mutterleib«, meint Frank. Ich muss lachen. Frank will mit seiner Traumfrau drei Kinder haben. Für mich ist das der Grund, weshalb er so sehr am Thema Kinder interessiert ist. »Willst du wirklich im Buch so früh anfangen?« »Natürlich, denn alles fängt am Anfang an und der ist nun mal im Mutterleib.« »Nun gut, beginnen wir also bei diesen lieblichen,

stirnfrei tragenden Wesen. Mir fällt ein, Frank, dass die Stirn in der Lehre von Wind und Wasser, oder auch Feng Shui genannt, als Symbol des Sonnenscheins der Seele gesehen wird. Sind die kleinen Seelchen nicht auch dem Sonnenschein am nächsten, diese kleinen Wonneproppen und Strahle-Kinder?« Für Frank scheint dies nichts Neues zu sein. »Stirnfrei wird auch in späteren Jahren noch immer ein Ausdruck der Sonne sein. Die Stirn frei machen wird dann gleichbedeutend mit den Weg frei machen sein, mit hallo, jetzt komme ich. Jemandem die Stirn bieten und mit der Stirn voran mit dem Kopf durch die Wand gehen, das werden die mit der Stirn verbundenen Attribute sein. Sieh mal, die Kaiserin Maria Theresia war absolute Herrscherin, deutsche Kaiserin und Königin von Böhmen und Ungarn. Sie regierte mit freier Stirn 40 Jahre lang staatsklug und willensstark. Sie führte Reformen des Heeres und der Finanzen ein und gründete das Volksschulwesen. Oder erinnere dich an KATHARINA DIE GROSSE, die mit freier Stirn als Frau ihren Mann stand. Sie zeigte sich auf dem russischen Thron als kluge Reformerin. VOLTAIRE meinte, dass sie *kein Nordlicht sei, sondern der hellste Stern Nordens*. Er hatte erkannt, was andere wahrzunehmen anfangs weniger im Stande waren: ihre geistige Natur. Wo doch Katharina als eher hässliches Entlein ihrer Zeit zunächst wenig Verehrer hatte.« Ich staune, was Frank alles weiß und entsinne mich in diesem Moment der Großmutter Europas, der Königin von England, VICTORIA ALEXANDRINA. Sie war die letzte große britische Vertreterin der Königsmacht und Kaiserin von Indien. Auch sie bot die Stirn frei und die Minister beugten sich ihrem Willen.

Frank leckt sich ein mit Kakao bestäubtes Milchschaumhäubchen von den Lippen. Der Cappuccino ist üppig. Es ist schon seine dritte Tasse, wie an den zwei leeren Tassen vor ihm unschwer zu erkennen ist. Ungerührt von einer gerade vorbeifliegenden Hummel fährt er fort, ganz in seinem Element: »Die freie Stirn war nicht nur ein Zeichen von Zeitgeist und Herrschertum. Auch KÄTHE KOLLWITZ schlug das Haar zurück und zeigte Stirn. Sie war als Graphikerin, Malerin und Bildhauerin mit ihrer Maxime *mitweinen, mitfühlen, mitkämpfen* bekannt und wurde als erste Frau in die preußische Akademie der Künste aufgenommen. Ihre Stirn war hoch und frei und ihre zarten Haare ließen sich nur durch strenges Zurücknehmen zu einem Haarknoten bändigen. Ihre feinen Haare waren möglicherweise ein Fingerzeig auf ihre feinfühlige Art und Ausdruck ihrer zarten Seele.«

Dann lässt Frank seine Hündin Kira nach draußen, die mit den Pfoten an der Tür scharrt. Ich resümiere seine Worte und streiche mir die vom Wind ins Gesicht gewehten Haare aus Mund und Augen. In der Tat, denke ich, ist es so, dass Menschen, die die Stirn frei tragen, oft auch Freigeister sind. Ich selbst kann es überhaupt nicht leiden, wenn mir beim Joggen die Haare in die Stirn fallen. Ich mag die frische, kühle Luft und meine Gedanken sind so klar wie die Morgenluft, wenn der Wind um meine Stirn weht.

Natürlich benötigen Menschen, die sich verändern wollen, auch einen neuen Haarschnitt oder eine neue Farbe. Eine Frisur bleibt nicht für immer, manchmal nur bis zum nächsten Friseurbesuch. Als ich dies denke, weiß ich noch nicht, dass ich sage und schreibe sechs Wochen später gleich drei Veränderungen mit meinen Haaren durchmachen werde. Dabei werden sie zweimal kürzer und einmal heller. Der Grund: Ich muss mich anders gefühlt haben, denn ich spürte die warmen Temperaturen und den Hormonspiegel steigen. Dazu kam ein ungeheuer starker Magnetismus zu einem wundervollen Mann. Ich hatte das Gefühl, mich attraktiver gestalten zu müssen. Ich wollte jünger, strahlender und eben hübscher aussehen. Das ist mir anscheinend auch gelungen. Ich bekam von allen Seiten Komplimente und fühlte mich absolut top.

In Gedanken versunken, schlürfe ich an meiner Tasse Cappuccino und bemerke, dass er schon fast kalt ist. Ich mag das nicht. Bei mir muss er ganz heiß sein, sonst ist das Vergnügen weg. Ich entscheide mich deshalb für Wasser, als Frank mit einer neuen Wasserflasche unterm Arm und Hund am Bein aus dem Haus tritt. Ich bin wieder ganz im Hier und Jetzt. Eigentlich, finde ich, passt Frank gar nicht so hierher. Er ist modern und weltoffen. Hier ist es traditionell, gediegen und entlegen. Aber wer weiß, Gegensätze sind ja bekanntlich wie Yin und Yang. Zusammen schaffen sie Harmonie.

Als Frank auf der Holzbank Platz genommen hat, meint er, dass Hunde und Kinder sich hier im Wald wohl fühlen. Kira, seine Mischlingshündin, dankt es ihm und sitzt zu seinen Füßen. Frank hat einige Erkenntnisse über Kinder und Haare gesammelt. Ich auch, und so legen wir beide unsere Erkenntnisse zusammen. Ich schreibe emsig und wir diskutieren noch, als die Sonne schon hoch am Himmel steht. Ohne Sonnenschirm wäre es jetzt nicht auszuhalten. Ich lege meinen Kopf in den Nacken und sehe unten auf der Wiese zwei Kühe grasen. »Ja«, höre ich mich sagen, »lass uns den Lesern etwas über Kinder und Haare vermitteln, da sie ja auch die künftigen Kunden im Salon sein werden.«

Kinder und Haare

Beobachtet man Kleinkinder, wie sie den Kontakt zur Mutter über die Haare suchen und empfinden, oder was mit einem Menschen geschieht, dem die Haare genommen werden, ob durch Zwang oder freiwillig, dann muss man Friseur-Lehrbücher umschreiben, denn Haare haben für uns Menschen und für unser Umfeld mehr Bedeutung, als dass sie bloße Anhängsel des Körpers sind. *Haare sind Ausdruck der Seele.*

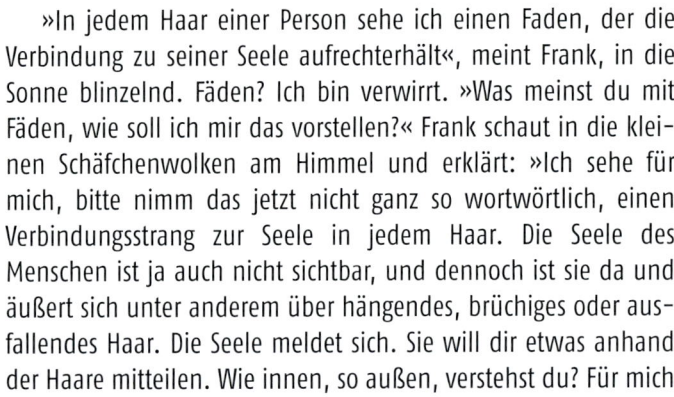

»In jedem Haar einer Person sehe ich einen Faden, der die Verbindung zu seiner Seele aufrechterhält«, meint Frank, in die Sonne blinzelnd. Fäden? Ich bin verwirrt. »Was meinst du mit Fäden, wie soll ich mir das vorstellen?« Frank schaut in die kleinen Schäfchenwolken am Himmel und erklärt: »Ich sehe für mich, bitte nimm das jetzt nicht ganz so wortwörtlich, einen Verbindungsstrang zur Seele in jedem Haar. Die Seele des Menschen ist ja auch nicht sichtbar, und dennoch ist sie da und äußert sich unter anderem über hängendes, brüchiges oder ausfallendes Haar. Die Seele meldet sich. Sie will dir etwas anhand der Haare mitteilen. Wie innen, so außen, verstehst du? Für mich sind das unsichtbare Fäden.« Ich verstehe und nicke zustimmend.

»Sieh mal, wie Kinder mit Haaren umgehen. Die Kleinen stellen den Kontakt zur Mutter her, indem sie die Haare berühren, die Fäden der Seele. Aus diesem Grund lehnen sie es auch oft ab, sich beim Friseur die Haare schneiden zu lassen. Ich habe schon Kinder beobachtet, die ihre abgeschnittenen Haare unbedingt mit nach Hause nehmen wollten.« Ja, denke ich, als kleines Kind von vielleicht vier Jahren hatte ich noch Goldlöckchen und als sie mir das erste Mal abgeschnitten wurden, habe ich geheult wie ein Schlosshund, und ich erinnere mich noch gut daran, wie es mich getröstet hat, meine Haare mit nach Hause nehmen zu dürfen. Ich bekam sie liebevoll eingepackt in einer Schachtel mit Schleife. »Viele Erwachsene fassen kleinen Kindern in die Haare. *Hast du aber schöne Haare.* Beobachtet man Kinder, bei welchen Menschen sie dies zulassen und wann sie es ablehnen, sich in die Fäden zur Seele fassen zu lassen, so lernt man viel über die entsprechenden Menschen. Deshalb ist es auch eine nicht ganz unwichtige Entscheidung, welchen Friseur man für sein Kind wählt, wie er auf das kleine Wesen eingeht, wie viel Zeit er sich nimmt und ob er das Kind versteht. Ich bin überzeugt, dass meine Kollegen und Kolleginnen in Zukunft ein anderes Bild von ihrem Job bekommen werden.«

Ich muss erst einmal über diese Aussage nachdenken und schaue auf die am gegenüberliegenden Hang grasenden Schafe. Irgendwann sind die auch mal dran, nämlich mit scheren, denke ich. Haben denn auch sie Fäden zur Seele? In dem Moment unterbricht Frank meine Gedanken und reicht mir ein paar frisch gebackene Biskuits herüber.

Haare – Speicher der Erinnerungen

»Weißt du, dass die Haare Zeitabläufe speichern? An den Haaren lässt sich erkennen, wie wir uns ernährt haben, in welcher seelischen Verfassung wir waren und wie wir unsere Haare pflegten.« Ich zupfe an meinen Haaren, um sie mir vor Augen zu führen und bestätige Franks Aussage. Gott sei Dank sind sie aufgrund der guten Pflegeprodukte und meiner Entschlackungskur im Moment wieder schön seidig und glänzend. Davon abgesehen ist das Haar tatsächlich ein Seismograph für Emotionen und Ernährung. Das konnte ich selbst schon an mir feststellen. Ein Heilpraktiker zum Beispiel kann mit etwa einem Esslöffel Haare eine Analyse erstellen. Man erhält dann ein klares Bild von den Mineral- und Schadstoffen, die der Körper aufgenommen hat. Fazit: Ernährung gut, fast alles gut. »Wusstest du«, frage ich, »dass die Haare den Zustand der Darmzotten anzeigen? Wenn jemand viel Fleisch isst, dann bekommt er dünnes Haar, das leicht ergraut. Oder schau mal die Kids an, die Cola, Fanta und all die synthetischen Getränke zu sich nehmen. Experten bewiesen, dass sich die Haare dann leicht spalten. Im Übrigen ist auch Zucker, der oft in diesen Getränken im Übermaß vorhanden ist, nicht gerade zum Vorteil der Haare. Sie verlieren an Elastizität und werden brüchig. Nehmen wir zum Beispiel Anne, von Beruf Krankengymnastin und in ihrer Freizeit Fotomodell. Sie ernährte sich vorbildlich und hatte immer dickes, braunes Haar, das sie zu einem Zopf zusammengebunden trug. Eines Tages hatte sie Probleme in ihrer Beziehung. Als Folge sagte sie dem Süßen übermäßig zu. Sexuell wollte es auch nicht mehr so recht klappen. Sie hatte sich auf ein Kind versteift, was er nicht wollte. Kurz danach machte ein Eierstock schlapp und danach spalteten sich ihre

Haarspitzen. Sie war total verzweifelt. Ihr Friseur verpasste ihr als Lösung einen frechen Kurzhaarschnitt. Natürlich sprach er nicht mit ihr über die Ernährung und auch nicht über ihr Befinden, eben nichts, so wie die meisten Friseure. Er gab ihr ein Modejournal in die Hand und das war's. Ist doch wirklich traurig, dass viele noch nicht die Zusammenhänge kennen. Aus unserer heutigen Sicht ist dies ein unverzeihliches Vorgehen. Er hat ja nicht irgendeinen Beruf, sondern arbeitet am Menschen! Was hätte jetzt ihr Friseur für Vertrauen und Symphatie aufbauen können, wenn er auf sie eingegangen wäre, nicht wahr?«

»Viel«, bestätigt Frank, »hätte ihr Friseur gewinnen können, nämlich einerseits Vertrauen und zum anderen hätte er ihr eine echte Hilfe sein können.« »Gehst du zum Ursprung, so hast du das Heute im Griff«, entgegne ich. »Nimm mal eine Möhre. Was siehst du zuerst, wenn die aus dem Boden wächst? Grün, oder? Packst du die Möhre am Schopf, erkennst du erst das Wahre, die eigentliche Möhre. Es ist eben nicht immer alles, wie es auf den ersten Blick scheint.« Er muss lachen, und jetzt erkenne auch ich die Doppeldeutigkeit meiner Worte und muss ebenfalls lachen. »Erinnerst du dich an deine Kindheit«, Frank fährt fort, »dass viele unserer Erinnerungen mit Haaren und Gerüchen verbunden sind? Die weißen Haare, die immer nach hinten gebunden waren, fehlen in der Erinnerung an die Oma mitunter genauso wenig wie die Erinnerungen an die langen Zöpfe, die um den Kopf der Großtante geschlungen waren und unter einem Haarnetz ruhten. Alles das, damit die Haare immer fein säuberlich beieinander waren und nicht ins Essen fielen, oder? War nicht die Großtante eine Frau, die im wahrsten Sinn der Worte unter die Haube gekommen war und deswegen auch ihre Haarpracht im Netz ‚unterbringen‘ konnte?«

»Stell dir vor«, sagt Frank, mit dem Löffel im Milchschaum rührend, was Kinder für offene Speicher sind. Der Friseur sollte das Kind positiv affirmieren. »Versteh mich richtig. Kinder leiden oft unter dem Nein der Erwachsenen und werden davon geprägt. Hier geht es darum, sie zum Ja zu führen. Wenn man mit Fragen auf das Kind eingeht, die es mit Ja beantworten kann und bekundet aufrichtiges Interesse, kann man eine Wellenlänge, eine Beziehung zu ihm aufbauen. Das Wohlgefühl des Kindes nimmt zu. Ein Nein würde es nur verschließen und die Kommunikation behindern. Man kennt das ja: *Zieh dies an und lass jenes.* Dieses prägende Nein, das bis zu 120.000-mal in 15 Jahren vorkommt, umschifft man so geschickt! Jeder Friseur wirkt mit Ja-Einstellungen zum Kind positiv auf sein Unterbewusstsein ein.

Also, Haare gut, alles gut, oder? Kinder sind wunderbare Seismographen und empfinden intensiv. Viele können beispielsweise mit geschlossenen Augen fühlen, ob Farben warm, zärtlich, aggressiv oder kühl wirken.«

An dieser Stelle kommt Kira und setzt sich zwischen uns auf die Bank. Frank streicht ihr behutsam übers Fell und fährt fort: »Kinder sind verspielte Wesen und doch steckt in jeder dieser Mini-Personen ein ganz großer Mensch, eine erwachsene Seele. Kannst du dich noch daran erinnern, als du auf der Säuglingsstation gearbeitet hast?« Mich erstaunt, dass Frank sich dies gemerkt hat. In der Tat habe ich meine DRK-Praktika in Krankenhäusern und Stadien absolviert. Ich habe mir sogar eine Goldmedaille verdient für zweitausend freiwillig geleistete Stunden, natürlich ohne Bezahlung! Auf der Säuglingsstation war ich am liebsten. Der Geruch von Wochenfluss und Babys gab eine eigenartige Mischung, der dennoch viel angenehmer war als der auf den chirurgischen Stationen. Frank holt mich aus meinen Betrachtungen in die Gegenwart zurück. »Kam es nicht auf die richtige Temperatur an und darauf, dass kein Shampoo in die Augen kommen durfte? Andernfalls war das Geschrei doch groß, oder? Dabei spielte es eine ebenso wichtige Rolle, wie du persönlich drauf warst und wie du das Kind berührtest: ruppig und ärgerlich oder sanft, liebevoll, tätschelnd und verspielt. Genau das ist entscheidend: die Temperatur, das Wie und die Achtung, mit der man das Kind als große Person berührt.« Recht hat er, ich weiß es nur zu gut.

»Eine typische Szene beim Friseur, wie sie immer wieder vorkommt, habe ich letztens erneut beobachten können«, werfe ich ein. »Olaf, ein kleiner Junge, saß auf dem Friseurstuhl vor dem großen Spiegel und hatte einen großen, weiten, schwarzen Umhang an. Der Friseur war gerade weggegangen, als Olaf sich umschaute, mit den Beinchen federnd und wippend und mit dem Kopf die ,Hans-Guck-in-die-Luft-Position' einnehmend. Seine Mutter mahnte: *Olaf, bleib still sitzen. Zappele nicht so rum.* Als es dann ans Schneiden ging, zog er den Kopf ein, als wenn ein Mähdrescher darüber fahren würde und nun vor hätte, seine Haare niederzumähen. Sichtlich unbehaglich schaute er in Duckstellung in den Spiegel. Der Umhang wirkte wie eine Zwangsjacke und der Stuhl gab Olaf kaum Fluchtchancen, da er so hoch war und er nur mit einem Sprung nach vorn in den Spiegel hätte entkommen können.«

Ich schaue über die Wiese zum Wald hin und schweige einen Augenblick. »Warum sind kleine Kinder nicht so begierig auf den nächsten Haarschnitt? Was meinst du«, stößt mich Frank von der Seite an. Ich muss wohl in Gedanken woanders gewesen sein, da ich jetzt den Hund zu meinen Füßen habe und ihm mit meinem nackten Fuß über sein weiches Fell streiche. Das ist wie Eintauchen in einen hochflorigen Teppich, ganz weich und angenehm. Kira genießt es sichtlich, die Augen schließend, und dreht sich auf die Seite. Ich bin eine Hundefreundin und sehe jedes Erdenmitglied, so auch Kira, als Teil einer großen Familie. »Olaf hätte sich doch, wenn es nach den Eltern gegangen wäre, glücklich schätzen können«, fährt Frank fort. »Dem war aber nicht so. Die Haare der Kleinen sind nun mal wie Antennen der Seele, sie wollen ihre Fühler ausstrecken, unabhängig davon, was die Eltern schön finden oder was standesgemäß ist.«

»Anders ist es, wenn die lieben Kleinen selbst experimentierfreudig mit der Schere umgehen und sich die Haare schneiden. Meine Nachbarin Anna hat mir folgende Begebenheit erzählt: *Als sich meine Kleinen einmal vergnügt gegenseitig die Haare schnitten, war mein Entsetzen zunächst groß. Für mich sahen sie aus wie gerupfte Hühner, aber sie fanden es toll. Es fehlte noch nicht einmal die Farbe! Sie hatten sich mit Window-Colors und Gel zu helfen gewusst und fanden sich top cool.«* »Siehst du, Frank, die Kleinen sind kreativ und schöpferisch und wenn man sie ließe, würden vielleicht ganz andere Schnitte und Stile entstehen«, zwinkere ich ihm zu.

Frank hatte ähnliche Storys zu bieten, die den Einfallsreichtum der Kleinen belegten. Schließlich landete er mit seinen Ausführungen wieder im Salongeschehen. »Ist es nicht in der Tat so, dass die einen weinen, wenn man ihnen die Haare schneidet und die anderen dies ohne Knurren und Murren ertragen, nur weil die Eltern es schön finden? Ein Blick von Olaf zu seiner Mutter hin bestätigte das. Er suchte Halt und Schutz bei ihr und weil sie ihm offensichtlich ermunternd zulächelte, war die Sache o.k. *Sieht das Kind nicht gut aus?* heißt es dann. *Guck mal wie schön du jetzt aussiehst, Schatz!*

Auf verlorenem Posten sind die Kinder unter sechs, die die Haare nicht geschnitten bekommen wollen, aber dennoch müssen. Sie zappeln, drehen und winden sich. Allein der strenge Blick, die spielerische Ablenkung und Versprechen wie *nachher gehen wir dafür ein Eis essen* halten die Kinder auf dem Sitz. Bis zum sechsten Lebensjahr sind Kinder noch viel mehr im spielerischen Urgrund verhaftet. Sie scheinen mit sich selbst, oft ohne Raum- und Zeitgefühl, auszukommen. Eine wunderbare Gabe.« »Ja«, bestätige ich. »Warum das so ist, erklärt die traditionelle chinesische Medizin. Die gesamte Energie ist hand- und vor allem kopfwärts gerichtet. Deshalb sind Auffassungsgabe und Gedächtnis für das Kind ein Kinderspiel.« »Richtig«, meint Frank, »dann, nach dem sechsten Lebensjahr, entwickeln sich die Kinder zum

Gruppenwesen, sie wollen akzeptiert und integriert werden.« »Weißt du, Frank, als eine Auszubildende bei mir anfing, hatte sie ihre rehbraunen Haare noch zu einem Knoten zusammengebunden. Als sie dann in einen neuen Freundeskreis eintrat, fand sie ihre Haarfarbe und ihre von Natur aus gewellten Haare langweilig. Gesagt, getan, gesträhnt und gefranst fand sie sich besser und gruppentauglich. Sie passte in die Gruppe ihrer neuen Freunde, die einen ähnlichen Haar-Code hatten.

Apropos, wusstest du, dass am oberen Ende der Ohren, in der Mitte des Kopfes, sich der Punkt Baihui befindet, das Tor der Weisheit oder auch *Kronen Chakra* genannt? Beim Kind ist dies auch der Punkt der Fontanelle, die sich in der Regel im ersten Lebensjahr schließt, und es ist und bleibt unsere empfindlichste Stelle. Das *Blatt Siegfrieds* könnte auf unserem Haupt ruhen, damit diese Stelle nie verletzt würde. Wenn ein Kind sich hier berühren lässt, muss es Vertrauen zur entsprechenden Person gewonnen haben, der Mutter oder dem Vater vertrauen, dass sie oder er eine Person gewählt haben, die ihm absolut nichts Böses antun wird. Hast du nicht auch schon oft die Blicke gesehen, die vom Kind flehentlich zum Elternteil gehen in der Hoffnung, von dort Mut und Unterstützung zu bekommen? Ich meine, dass der Friseur bereit sein sollte, sich einerseits liebevoll und andererseits dem Kinde gegenüber achtungsvoll zu verhalten. Siehst du das nicht auch so, Frank?« »Der erste Haarschnitt lässt das Kleinkind zum Kind werden. Wie wichtig und ernst sollte dieser Moment genommen werden. Und wie oft zieht dann das Kind noch während des Haareschneidens den Kopf ein, weil es sich zurückziehen, seine verwundbarste und wichtigste Stelle, sein Ich der Schere entziehen möchte. Nur der, dem es gelingt, Vertauen aufzubauen, wird das Kind als Dauerkunden bei sich haben. Das Kind wird andernfalls Bauchschmerzen vortäuschen, einen kleinen Unfall bauen oder schreien und zappeln, um sich dem Friseurbesuch zu entziehen. Es wird merken, wenn man nicht gut drauf ist und es trotzdem berühren will. Übrigens ist es ganz egal, wie man lächelt, ob als Friseur oder Elternteil. Wenn es nicht echt ist, dann hat es keinen Sinn. Das Kind ist sensibel und kann faktisch Gedanken lesen und spüren, ob man ihm gut gesonnen ist oder nicht. Gedanken wie ‚du kleines Biest‘ liest es im Handumdrehen und reagiert mit Flucht. Bei Hunden kennt man das ja auch. Ist man schlecht drauf, wird er möglicherweise zubeißen. Wäre also fatal, nicht gut drauf gewesen zu sein, oder? Was erwartet man also vom Kind?«

Frank ergänzt, dass es in Indien die Glaubensgemeinschaft der SIKH gebe, in der sich die Männer ihr ganzes Leben lang nicht die Haare schneiden lassen, weil sie fest daran glauben, dass sich ihre Kraft in den Haaren befindet. Na, denke ich, unter diesen Umständen hätten die Figaros wenig zu tun und unser Buch würde sich erübrigen.

Frank wünscht sich eine Pause und kommt mit einer ganz bodenständigen, frohen Botschaft aus der Küche: »Der Spargel ist gleich fertig.« Er duftet schon und meine Nase freut sich auf das Ereignis genauso wie mein Magen. Frank drängt mich, die Zeit vor dem Essen noch zu nutzen und seinen Kollegen und Kolleginnen auf der ganzen Welt eine wichtige Botschaft in Bezug auf Kinder zu vermitteln. »Lass uns in unserem Buch herausstellen, dass das Kind, das zum Friseur kommt, genauso ernst zu nehmen ist wie ein Erwachsener. Deshalb sollten meine Kollegen daran denken, dies psychologisch, auch durch ihre Körperhaltung, zum Ausdruck zu bringen. Sich vorzubeugen, bedeutet, sich ihm zuzuneigen, sich auf das Kind zuzubewegen. Sich in die Knie zu begeben, um auf seine Höhe zu kommen, steht stellvertretend dafür, sich auf eine Stufe mit dem Kind zu begeben. Verniedlichende Töne, wie ‚Na, wen haben wir denn da?‘ kommen beim Kind nicht gut an. Normal ist, dass jeder eine höhere Stimmlage einnimmt, wenn er mit Kindern spricht. Das ist legitim. Deshalb muss man nicht Künsteln. Der kleine Mensch ist vollkommen, seine Seele groß und erfahren. Lediglich sein Körper ist noch klein. Seine Person möchte geachtet und respektiert werden.

Liebe Friseurinnen und Friseure,

wer Kindern an die Haare will, muss sein wie ein klarer, ruhiger See. Atmen Sie tief ein und aus. Wenn möglich, stellen Sie sich vor ein Fenster. Fühlen Sie dabei, wie die einströmende Luft Sie beschwingt und innerlich zur Ruhe bringt. Sehen Sie dabei tief schwarz vor Ihren geschlossenen Augenlidern. Das Ausatmen entspannt und entstresst. Nach einer Minute legen Sie dann eine Hand auf die Stirn und die andere auf den Hinterkopf und atmen Sie gegen Ihre leicht nachgebenden Hände ein. Sie werden fühlen, wie Ihr Kopf dabei größer wird und Sie gleichzeitig ruhiger werden. Beim Ausatmen drücken Sie den Kopf zusammen, sanft aber bestimmt, mit gleichmäßigem Druck. Stehen Sie mit den Füßen fest verwurzelt in schulterbreitem Stand. Wenn Sie dies 2 bis 3 Minuten zelebriert haben, fällt von Ihnen ein Großteil des Stresses ab und Sie sind auf das Kind und überhaupt vorbereitet.«

In dem wunderbaren Buch von WALTER SCHELS *Das offene Geheimnis* werden Gesichter von Babys im Vergleich mit alten Gesichtern gezeigt. Das frisch Geborene sieht dabei oft aberwitzig alt aus und die wenigen Haare des Greises und der Flaum des Babys gleichen sich, nur dass Letzteres weiche Haare hat und Ersterer borstige oder widerspenstige. Im Baby- und Kleinkindalter werden wie von einem nassen Schwamm alle Informationen aufgesaugt und Eindrücke gespeichert. Unentwegt speichert das Informationssystem Mensch Erfahrungen und Empfindungen. Wohl-fühlen oder nicht ist nicht nur eine momentane Frage, sondern wird im Unter-bewusstsein auf ewig abgelegt. Jedes positive Friseurerlebnis ist dann natürlich auch später beim Jugendlichen und Erwachsenen ein Garant, dass er gern zum Friseur geht, ja vielleicht sogar regelmäßig. Andernfalls wäre das schade, oder?

Nur Gruppenzwänge können es schaffen, aus einem Friseurmuffel einen Friseur-gänger zu machen. Dann aber möchte besagter Friseurmuffel vorn sitzen, schnell wie-der hinaus und gibt vor, keine Zeit zu haben. Ganz schnell muss es gehen, und das sowohl bei Mann als auch Frau. Beobachten wir einmal diejenigen, die möglichst weit vorne sitzen möchten. Frank erzählt mir in diesem Zusammenhang von einer Kundin, die nicht in den Friseur-Wellness-Bereich gehen wollte, da sie zu den Menschen mit Fluchtimpuls gehörte. Sie hatte die Friseurerlebnisse der Kindheit als wenig positiv abgespeichert.

Oh, schon zwei Uhr mittags! Der Essensduft holt uns wieder ganz ins Hier und Jetzt, ins weltliche Geschehen. »Der Spargel ist fertig«, ruft Trude, Franks gute Seele, aus der Küche. Die Sauce Hollandaise ist äußerst gelungen und die Kartoffeln frische Ernte, ein Essen, wie ich es mag. Danach gehen wir spazieren, um unsere Gedanken durch Bewegung in Schwung zu halten. Der Wald riecht modrig, und die Sonne hat alle Mühe, durch das dichte Geäst und Laub der Bäume hindurchzudringen, sodass wir es vorziehen, die Wege am Feldrand zu nutzen, um so noch einen Blick in die Ferne und zur Nachmittagssonne hin zu erhaschen. Frank wird plötzlich ganz ernst. Ja, er wird ernst, weil er mir ein ernstes Anliegen vortragen möchte.

Frank erklärt, dass wir in unserem Buch die Bedeutung der Haare herausstellen müssen, ja dass er darin eine neue Ernsthaftigkeit und Notwendigkeit sehe. Sein Anliegen sei es, Menschen behilflich zu sein, mehr als nur das Haar als solches zu sehen. Es gehe ihm darum, die Seele des Menschen dahinter zu erblicken, sei er doch schon über 20 Jahre als Figaro, Meister seines Faches, tätig und habe einen besonde-ren Respekt, ja eine Wertschätzung dem Kunden gegenüber gelernt. Jetzt sei die Zeit für ihn reif, seinen Berufsgenossinnen und -genossen gegenüber sein bisher erreichtes

Wissen zu vermitteln. Ich kann ihm nur beipflichten. Und wer schreibt schon ein Buch für Kunden und Friseure gleichermaßen? Ein Buch, das hilft, sich selbst und seinen Friseur mit anderen Augen zu sehen?

Jeder Mensch ist ein Geschenk

Der Friseur hat die Möglichkeit, sich zu entscheiden, ob er so arbeiten möchte wie bisher oder zusätzlich den Kunden als Geschenk begreifen mag. Denn die Menschen, die zu ihm kommen, geben ihm jeden Tag wieder die Möglichkeit, all seine Talente zur Anwendung zu bringen. Natürlich in einem Ambiente von Wind und Wasser, von Yin und Yang, von Harmonie, worauf wir im zweiten Kapitel noch eingehen werden. »Weißt du«, sage ich zu Frank, »vor ein paar Jahren hielt ich einen Vortrag über Harmonie bei der Rutengängervereinigung in Wiesbaden. Kaum hatte ich begonnen, über Harmonie zu reden, ging ein erstes Raunen durch den Saal. Die alten Rutengänger, samt und sonders vergrämte Gesichter, rafften ihre Energien auf, um laut zu protestieren. *Harmonie, gibt's gar nicht, Mädchen. Wo soll das sein, buh ...?* Harmonie ist das innere Bestreben eines jeden Menschen. Jeder sucht sie und findet sie zunächst in sich selbst. Das ist unser Geburtsrecht. Was innen ist, möchte natürlich auch nach außen getragen werden. Deshalb benötigt auch ein Lebensumfeld harmonische Gesetzmäßigkeiten, damit wir uns wohlfühlen, damit die innere Harmonie mit dem Äußeren in Resonanz gerät. Das nennt man im Volksmund auch, *sich pudelwohl fühlen*. Einzig und allein drei junge Rutengänger stimmten mir zu. Sie wussten, wovon ich redete. Auch ein Älterer nickte und arbeitete anschließend mit mir über 12 Jahre zusammen. Kurz vor seinem Tod hat er alle seine Lebenskräfte noch einmal aufgerafft und kam, gestützt auf seine Frau, zu mir. *Sie haben mich gelehrt, was Harmonie bedeutet. Dafür bin ich Ihnen dankbar*, sagte er. Ich wahr gerührt. Denn er war für mich der größte Rutengänger aller Zeiten. Immer sanftmütig, kompetent, ehrlich und loyal. *Danke, Herr Gönnheimer, dass Sie mich begleitet haben*, möchte ich ihm nach oben zurufen. Aber was sage ich, er ist bei mir, wenn ich ihn brauche und selbst mit der Rute meine Erfahrungen mache. Dann spüre ich seinen Geist neben mir und bin dankbar.«

Schon GOETHE sagte: *Müsset in Natur betrachten, immer eins wie alles achten, nichts ist drinnen, nichts ist draußen, denn was innen, das ist außen, so erkennet ohne Säumnis, heilig öffentlich Geheimnis.* Was also liegt näher, als genauer hinzusehen bei den Haaren? Sind sie nicht in der Tat die Fäden der Seele? Ist nicht gerade dieser Gedanke ein Harmoniegedanke?

Frank sieht sich als Vollblutfriseur und sagt: »Als Friseur schneide ich die Haare nicht, um sie zu frisieren, sondern um die Persönlichkeit der Kundin bzw. des Kunden freizusetzen. Wir sollten alles respektieren, was die Natur hervorgebracht hat, und unsere Arbeit sollte die Schönheit der Natur fördern. Alle östlichen Weisheiten weisen auf die Wichtigkeit hin, das zu achten, was man von Natur aus mitbekommen hat. Dies trifft auf jede Blume, jeden Grashalm und nicht zuletzt auf jedes Haar zu.«

Haarerlebnisse

Frank meint, dass unser Gefühl und Empfinden für Schönheit durch die Ausbildung, die wir erfahren durften, geprägt wird und durch all die kleinen und großen Erlebnisse in unserem Leben. So wird ein Mädchen, dessen Mutter immer lange Haare trug und ihr auch immer ein Vorbild war, an diesem Vorbild der langen Haare der Mutter festhalten und sich erst von diesem lösen, wenn sich in ihrem Leben etwas ereignet, worauf sie mit Eigenständigkeit reagieren will. Dies kann dann der Wunsch nach kurzen – unabhängigen – gelösten Haaren sein. Hat dieses Mädchen allerdings eine schwere Kindheit gehabt und ständige Auseinandersetzungen mit der Mutter mit langen Haaren hinter sich, so kann der kurze Haarschnitt eine Abgrenzung und Befreiung von diesen Erfahrungen sein. Nur wenn der Grund des Wunsches nach Veränderung zu verstehen ist, kann der Friseur auf ihn richtig eingehen und die entsprechenden Wünsche umsetzen. Ja, ist es denn nicht der Figaro, der dem Menschen im Salon am nächsten steht? Er kennt in der Regel die Familiengeschichte, den Tratsch und Klatsch, ist Vertrauter, Freund und Berater zugleich, oder etwa nicht?

Hubert, mein Steuerberater und Freund, berichtet uns während der Arbeit an unserem Buch, wie unwohl er sich als kleines Kind gefühlt habe, wenn man ihn am Kopf berührte. Auch hatte er sich immens gewehrt, wenn es um das Haarewaschen und -schneiden ging, vom Kämmen ganz zu schweigen. Auch Bernd, mein alter Busenfreund, war *unantastbar*. Selbst seine erste Frau durfte ihn weder am Kopf berühren noch ihm über die Haare streichen. Erst seine zweite Frau schaffte es mit behutsamer Einfühlsamkeit. Sie wurde dann von ihm *verpflichtet*, ihm die Haare zu schneiden, damit er nicht zum Friseur gehen musste. Auslöser dafür war ein Erlebnis in der Kindheit. Er war als kleiner Junge mit dem Kopf gegen einen Heizkörper geprallt und hatte am Hinterkopf eine Narbe zurückbehalten. Da dies alles während einer Auseinandersetzung mit seiner Mutter passiert war, hat er fortan keine Frau mehr an seinen Kopf gelassen. Grund: Die Programmierung des Erlebnisses war nicht positiv gewesen. Übrigens trug auch er die Stirn frei und konnte es partout nicht leiden, wenn Frauen in seiner Umgebung die Stirn bedeckten. Er war der Auffassung, sie hätten etwas zu verbergen.

Frank erzählt von einer Freundin, die als Pädagogin arbeite. Gelegentlich habe sie Präsentationen vor einem großen Publikum. Von Natur aus sei sie blond. Ihre laute und ausdrucksvolle Stimme begeistere jeden. Eines Tages habe sie sich von ihrem Freund getrennt und sich die Haare schwarz färben lassen. Für sie ein Zeichen der Trennung und Abgrenzung. Ein Zeichen von Distanz zu ihrer alten Beziehung, wie Frank fand. Was aber dann geschah, war auffallend. Bei ihren Präsentationen fiel es ihr fortan schwer, den Kontakt zum Publikum aufzubauen, von Begeisterung ganz zu schweigen. Sie fragte Frank um Rat. Er erklärte ihr, dass sie durch ihre Größe und ihr Auftreten allein sehr dominant wirke. Mit ihren von Natur aus blonden Haaren habe sie die Balance erzeugt. Ihr Gesamtauftritt sei harmonischer, überzeugender und Kontakt aufbauender gewesen. Ihre schwarzen Haare aber bauten nun Distanz auf und spielten ihre dominante Art in den Vordergrund. So habe sie eine Mauer, eine Art Abgrenzung erzeugt. Frank durfte ihr nach dem Gespräch die Haare aufhellen und die Konturen fransiger schneiden, was sich sofort auf ihr Umfeld auswirkte. »Weißt du«, sagt Frank nachdenklich, »ich finde trotzdem den Zeitpunkt ganz entscheidend. Sie brauchte zunächst einmal die schwarz gefärbten Haare als Zeichen der Trennung.«

Während wir gehen und *philosophieren,* spüren wir den Waldboden weich unter unseren Füßen. Rehe schlüpfen durch das Unterholz. Goethe hatte immer die Natur beobachtet, um daraus auf das alltägliche Leben zu schließen. Wir sind uns einig, dass die Natur Ereignisse speichert und auch die Haare Speicher unserer Erlebnisse sind. Dann beschließen wir, an einem anderen Tag per Mail und Anruf unserem Manuskript den letzten Schliff zu geben.

Wir erreichen wieder das Landhaus. Ein junges Reh wartet im Garten auf Fütterung. Wie komisch und schön zugleich. Es ist spät geworden und die Sonne steht in einem seltsam funkelnden Licht über dem Wald. Ihre letzten Strahlen kitzeln die Baumkronen und Frank holt seinen besten Wein hervor. Der Abend kann beginnen.

Frank und Natalie, Franks Freundin, sitzen vor dem großen Kamin in der Wohnhalle. Ich liege in der Hängematte vor dem Feuer und lasse den Tag Revue passieren. Der Rotwein schmeckt hervorragend zu Käsehäppchen und die Stimmung ist dazu angetan, über Vergangenes zu reden.

»Im 18. und 19. Jahrhundert«, beginnt Frank zu erzählen, »trug man lange Haare als Zeichen des Wohlstandes. Die Haare waren auch Ausdruck der Stellung innerhalb der Gesellschaft. Ansehen erzielten die Frauen mit der Höhe der Haartracht und aufwändigem Schmuck. Perlen, Bänder und Puder wurden aufwändig eingearbeitet. Mit langem Haar brachten Frauen auch ihre Weiblichkeit zum Ausdruck. Sieh mal die Zeit des Spätbarocks. Welche Frisuren! Geradezu vorbildhaft scheint hier die Kronprinzessin Luise von Preußen. Sie lebte im 18. Jahrhundert und verkörperte mit ihrer hohen Frisur weibliche Tugenden. Ihre Vaterlandsliebe und ihr Einsatz für Preußen waren grenzenlos. HEINRICH VON KLEIST schreibt über sie: *Dein Haupt scheint wie von Strahlen mir umschimmert; du bist der Stern, der voller Pracht erst flimmert, wenn er durch finstere Wetterwolken bricht.*«

Plötzlich klopft es an der Tür. Draußen steht der gute alte Nachbar, der Revierförster, der sich auf ein paar Minuten zu uns gesellen möchte. Aus ein paar Minuten wird Mitternacht. Es gefällt ihm offensichtlich, uns über Haare reden zu hören und er beteiligt sich hin und wieder mit einem Lächeln oder Nicken oder wirft Interessantes in die Runde ein.

»Frauen, die ihre Haare stets hochstecken, haben einen außergewöhnlichen und exzellenten Geschmack«, fährt Frank fort, nachdem er mit dem Förster ein paar nachbarschaftliche Worte ausgetauscht hat. »Sie gehören zu den feinen Damen der Gesellschaft, sind elegant, hin und wieder auch arrogant. Sehen wir doch mal in die Geschichte und zu COMTESSE DE CREST DE SAINT AUBIN. Sie hatte nicht nur die Haare hochgesteckt, sie war auch eine exzellente Schriftstellerin, verfasste Werke über Kindererziehung und bewegte die Welt mit ihren neuen pädagogischen Ideen. Ihre hochgesteckten Haare waren Ausdruck ihrer feinsinnigen Ader, und sie trug sie mit Würde. In der französischen Revolution wurde sie sogar zur Bürgerin *Brulart* ernannt. NAPOLEON BONAPARTE verhalf ihr zu Ruhm und Anerkennung. LOUIS-PHILIPPE, der

1830 in Paris den Thron bestieg, war ihr sehr zugetan. Für viele Geschichtskundige zählt sie noch heute zu den berühmtesten Frauen, die die Welt bewegten. Natürlich waren es nicht nur die hochgesteckten Haare, es waren auch ihre edlen Gedanken und ihre elegante Art, sich in der Gesellschaft zu bewegen. Sie gehörte zweifelsohne zu den feinen Damen der Gesellschaft.«

Ich nippe am Spätburgunder. »Kennst du das Bild von NAPOLEONS Stieftochter HORTENSE DE BEAUHARNAIS? Sie hatte die Haare nicht nur hochgesteckt, sie hatte auch verwegene Löckchen, die wie ein Theatervorhang die Bühne ihre Stirn schmückten. Nach *Wind-und-Wasser- Prinzipien* heißt es, dass, wer die Stirn bedeckt, möglicherweise unter etwas leidet, dass er nicht preisgeben möchte oder kann. Diese Frauen seien sanftmütig, selbst wenn man dies nicht auf den ersten Blick erkenne. HORTENSE war sehr sanftmütig und romantisch. Sie war eine glühende Verehrerin NAPOLEONS, schrieb zwölf Romane und komponierte. Welch eine Frau!

Heute ist es MELANIE GRIFFITH, eine amerikanische Filmschauspielerin, die ihre Haare immer hochsteckt und mit verwegenen Locken lockt. Auch die Society Ladys IVANA TRUMP und VERONICA FERRES lassen sich von ihrem Inneren führen und stecken ihre Haare hoch. Wer hochsteckt, will möglicherweise hoch hinaus, sich erhöhen, Königin sein. Gehen wir noch einmal in die Geschichte zurück, um es besser zu verstehen.« Frank greift nach der Weinflasche, um uns nachzuschenken. Als er feststellt, dass die Flasche bereits leer ist, bietet sich der Förster an, eine neue von sich zu holen. Er hat Kaffeebohnen in Rotwein angesetzt. Das letzte Mal, als ich diese Köstlichkeit zu mir nahm, war ich auf einem Landsitz in Sizilien zu Gast. Jetzt ereilt mich diese Köstlichkeit unverhofft erneut. Nicht, dass ich ständig Wein trinken würde. Aber Abende vor dem Kamin und in geselliger Runde mit Freunden sind mit Rotwein nun einmal besonders schön. Außerdem hält Rotwein bekanntlich die Gefäße elastisch. Der Förster kommt mit zwei Flaschen unter dem Arm zurück. Er hat mit den Kaffeebohnen einen 1985er Bordeaux *veredelt*. Köstlich! Schon der Korken riecht verlockend! Zum Bordeaux passt das von Natalie frisch zubereitete Stockbrot, das wir an langen Stöcken ins Feuer halten. Die Stimmung animiert uns, über Geschichtliches zu reden.

»Im 18. Jahrhundert dominierte bei den Männern die Allonge-Perücke als Zeichen der Herrschenden und Könige. Mit Perücken und Haartrachten demonstrierten sie ihre Machtposition. Welch eine Zeit für die Figaros! Sie gehörten ohnehin in der Zeit der

Haartrachten und Perücken zu den wohlhabenden, gern gesehenen Gesellschaftern. Kein Wunder, dass diese Könner ihrer Kunst beliebt waren und auch mehr verdienten als die Minister.« »Das wäre genau deine Zeit gewesen, Frank. Aber damals hättest du nicht die Ideen von heute gehabt.« »Erinnert ihr euch an KATHARINA DIE GROSSE? KATHARINA DIE GROSSE hatte die Haare weit nach oben gesteckt und ihre langen Locken hingen ihr über die Schulter. Ein Diadem schmückte ihr Haar. Ist euch aufgefallen, dass auch heute noch Frauen zu besonderen Anlässen Diademe im Haar tragen? Denken wir beispielsweise an die silberne oder goldene Hochzeit. Dann dürfen sich die Frauen wie KATHARINA DIE GROSSE fühlen oder wie die Königin des Herzens ihres Liebsten.«

Wir gehen in die jüngste Vergangenheit zurück und streifen die fünfziger und sechziger Jahre bis hin zu den Achtzigern.

Die fünfziger und sechziger Jahre – Zeit der Haarteile

»In den fünfziger und sechziger Jahren des 20. Jahrhunderts wurden Haarteile in die Frisuren der Damen hineinfrisiert. Sie erhöhten sich, rein von der Körpergröße her, sowohl unterbewusst als auch offenkundig. Denn mit hohen Frisuren zieht man die Aufmerksamkeit auf sich. GLORIA VON THURN UND TAXIS fiel als erste durch ihre außergewöhnlich nach oben gesteckten Haare auf. Und du?«, fragt mich Frank, »hast du auch Lust auf Höheres?« Leichter gesagt als getan. Meine Haare sind gerade kurz!

Die siebziger Jahre – Zeit der Protesthaare

»Ende der sechziger und zu Beginn der siebziger Jahre standen die Zeiten im Zeichen des Protests. Erinnert ihr euch noch an dieses Jahrzehnt? Viele trugen die Haare lang und unfrisiert, häufig sogar extrem lockig oder auch kraus. In Zeiten wirtschaftlicher und sozialer Befreiung wie in den siebziger Jahren trugen Männer die Haare beispielsweise auch deshalb lang, weil sie darin ein Zeichen von Freiheit und Unabhängigkeit sahen. Ungekämmtes oder zerzaustes Haar kann meiner Meinung nach aber auch ein Zeichen der offenen Auflehnung sein. Für manche Menschen scheint dahinter Verweigerung gegen herkömmliche Vorstellungen zu stehen, egal ob auf sozialem, intellektuellem oder politischem Gebiet.

Protesthaare waren auch die Antwort auf die Zeit, als die Eltern permanente Anforderungen an ihre Kinder herantrugen und sich gekämmte und kurze Haare bei ihnen wünschten. Ein Stück weit war dies aber auch ein nachträglicher Protest gegen die nicht gewollten Friseurbesuche der Kindheit. Jetzt selbst entscheiden zu können und frei von Zwängen zu sein, das sollten die Haare ebenso ausdrücken wie nicht mehr ein Kind zu sein.«

Franks letzte Worte inspirieren mich beim Blick in das Feuer. Gabriel, ein Architekt und Künstler, mit dem ich einige Male zusammengearbeitet habe, hatte dieses zerzauste, ungepflegt wirkende Haar. Ich, als Frau, die Schönheit und Korrektheit liebt bis zu den Haarspitzen, war weniger angetan von Gabriels Frisur. Aber ich habe gelernt, jeden so sein zu lassen, wie er es mag und mich vom Wesen des Menschen leiten zu lassen. Nicht, dass mir dies immer leicht fiele. In diesem Fall aber mied ich seine unmittelbare Nähe, wo ich doch sonst gern Menschen umarme und sie zur Begrüßung auf die Wangen küsse. Er hatte bei mir diesbezüglich Pech. Er musste sich mit einem *Hallo* aus der Ferne begnügen. Eines Tages traf ich ihn auf einem Konzert der drei Tenöre, als ich gerade meiner Begeisterung für Pavarottis *O sole mio* fröhnte. Ich hatte richtig gesehen, er war es. Er hatte mich auch entdeckt und winkte mir zu. Er war vollkommen verändert, seine Haare frisch geschnitten und gepflegt. Neben ihm stand ein kleines Frauchen und trug ein Bündel von Baby vor der Brust. Na sieh mal an, dachte ich. Ein neuer Lebensabschnitt und er kann es ja doch ...

Jetzt kommt Natalie, Franks Liebste, so richtig in Fahrt. »Ist ja sonnenklar, dass die Haare Signale aussenden und, je nachdem, in welcher Gruppe du dich aufhältst, welchen Beruf du hast oder was du nach außen darstellen möchtest, die Haare entscheidend sind. Natürlich willst du dich zunächst mit deinen Haaren wohl fühlen. Vielleicht brauchst du eine Frisur, die recht schnell zu stylen geht. Auch das spielt eine Rolle, wenn du dich in Hektik und Stress befindest. Architekten tragen ihre Haare beispielsweise anders als Banker oder Künstler. Haare haben Spiegelbildfunktion, nicht wahr? Haare sind für mich ein Hinweis auf Lebensabschnitte und aktuelle Inputs. Wie du dich fühlst, so sind auch deine Haare. Stell dir mal vor, du hast eine Verabredung mit deinem Liebsten, Olivia. Was machst du da? Ich wette, dass du zunächst in den Spiegel schaust und dann in den Schrank. Du wirst mit kritischem Blick entscheiden, ob du dir selbst gefällst und dein Haar zwischen Daumen und Zeigefinger prüfen. Wenn jetzt die Haare brüchig sind oder stumpf, wirst du dich für eine Haarkur nach der Dusche entscheiden oder in Bälde für den Friseur. Du wirst alles tun, damit die Haare glänzen und duften und nicht irgendwie herumhängen, sondern so sind, dass du mit deiner weiblichen Ausstrahlung am besten wirkst, oder?« Ich bin platt. Recht hat sie! Wenn ich schön *rüberkommen* will, attraktiv und weiblich, dann betreibe ich Pflegeaufwand und gehe für einen neuen Schnitt zum Friseur. Ich hätte bei meinem letzten Friseurbesuch sagen sollen: *Bitte, ich will besonders schön sein, weil ich verliebt bin. Schauen Sie mich genau an, damit mein inneres Strahlen auch rüberkommt.* Aber was war bei meinem letzten Versuch? Die Friseuse war wenig motiviert und hat nur das gemacht, was unvermeidlich war. Aber von einer Beratung oder einem Eingehen auf meine momentane Gefühlslage war sie meilenweit entfernt, so dass ich wieder selbst ‚das Schiff steuern' musste. Hier ein bisschen blonder, dort ein bisschen kürzer. Aber das kann es ja wohl nicht sein!

Die Art, wie wir die Haare tragen, ist eng verbunden mit unserer momentanen Lebenssituation, der Erziehung, Religion, unseren Ideen und Gedanken.

Die achtziger Jahre – Styling und Wechsel

»Natürlich ist es genauso, wie Natalie sagt«, bestätigt Frank. »Erinnert euch aber auch an die achtziger Jahre, wo man ohnehin schneller die Frisur wechselte. Styling, wo es nur ging. Hielt sich ein Trend im Mittelalter Jahrzehnte, so war dies in den Achtzigern nur ein relativ kurzer Zeitabschnitt.«

»Margit ist so ein Fall mit ständig wechselnden Haaren«, werfe ich ein. »Sie wechselt alles schnell, die Haare, die Männer und die Wohnungen. Heute schwarz, morgen rot, dann blond oder gescheckt. Na, Spaß bei Seite. Aber bei ihr weiß man wirklich nie, woran man ist. Manchmal kann man kaum sicher sein, ob sie es wirklich ist, wenn man sie trifft. Erst wenn sie ruft und winkt *Hallo, ich bin es doch, erkennst du mich nicht?* erhält man die Bestätigung. Das Gleiche gilt im Übrigen für ihre Abmagerungskuren und *Wieder-drauf-futtern-Phasen*.

Kennt ihr auch so eine Margit? Ich selbst kenne mehrere, die ähnlich sind. Sie haben alle das gleiche Phänomen: Sie wechseln ihre Frisur fast so oft, wie die Haare nachwachsen. Da ist Paula, die sich *nicht sicher* ist. Denn jeder zweite Satz bei ihr lautet: *Ich bin mir da nicht ganz sicher.* Und Eleonore ist auch so ein Fall. Sie arbeitet als Schuhverkäuferin auf dem Flughafen bei Ballys und ist das reinste Chamäleon. Aber ich glaube bestimmt, wenn diese Frauen erst einmal im sicheren Hafen sind, wenn sie wissen, wo sie hingehören, werden sie auch beständiger in Schnitt und Farbe sein.«

Wir legen einen Holzscheit nach, und Natalie reicht Gesundes aus Paprikastreifen, Kohlrabi und Stangensellerie. Wir dippen alles fröhlich in eine köstliche Jogurtsauce.

Was die einen zu viel haben, haben andere zu wenig. Manch einer Frau stünde ein neuer Haarschnitt gut, er wäre Ausbruch aus Bestehendem und würde Mut zeigen, neue Wege zu gehen. So könnte man im Handumdrehen eine neue Frau an des Partners Seite sein, um möglicherweise sein Beziehungsleben ein bisschen aufzufrischen. Was in europäisch geprägten Ländern möglich ist, ist es nicht immer in anderen Kulturen. In einigen Religionen müssen die Frauen ihr Haar verhüllen oder in bestimmten Formen tragen. Aber auch sie gönnen sich Schere, Henna und Parfüm zur Pflege ihrer Haare.

Lange Haare

Als wir zum Thema *lange Haare* kommen, wird die Diskussion lebendig. Wir sind uns einig. Franks Beobachtungen sind zutreffend und auch die Ansichten aus Feng Shui stimmen mit seinen überein: *Frauen mit langen, glatten Haaren stehen für Sanftmut und eine vornehme, edle Art.*

Alles Schöne und Intellektuelle zieht Frauen mit langen, gepflegten und glatten Haaren an. Glänzende Haare sind wie ein Spiegel, und alles, was Licht reflektiert, ist interessant und zieht Blicke auf sich. Jette Joop zum Beispiel, eine bekannte Modedesignerin unserer Zeit, wirkt mit ihren goldglänzenden Haaren sympathisch und vornehm.

Sind die Haare leicht gewellt oder lockig, haben sie eine absolut andere Ausstrahlung. Die Frauen wirken romantischer, zärtlicher und nahbarer. Denken wir nur an DOLLY BUSTER, den Busenstar unserer Zeit. Sie wirkt nicht sonderlich intellektuell, aber romantisch und sehr nahbar.

»Wir brauchen aber gar nicht so weit auszuschweifen, meine Lieben. Sieh mal deine Haare, Frank. Du hast ja auch eine zwar kurze, aber doch lockige Pracht. Bist du nicht ein ausgesprochener Romantiker?«

»Lange Haare bei Frauen sind Schmuck, Zeichen von Schönheit und in unseren Breiten möglicherweise ein Hinweis auf Verfügbarkeit«, entgegnet Frank. »Das kann dann besonders zutreffen, wenn sie offen getragen werden.«

»Ich erinnere mich an meine Teenager-Zeit, als ich meine langen Haare immer gern offen trug. Als ich dann in der Ausbildung war, band ich sie zusammen, denn ich wollte *ordentlich* wirken. *Typisch Jungfrau*, sagte meine Freundin. Zum Ausgehen duftete ich sie ein, was meist keinen großen Sinn machte, da die Jungen rauchten und dieser Gestank von Pestilenz meinen Haaren anhaftete. Dennoch, das Prozedere von waschen, parfümieren und offen tragen der Haare blieb das gleiche. Es gab mir ein unwahrscheinlich weibliches Gefühl, das ich beim Tanzen spürte, wenn ich meine Haare im Rhythmus der Musik hin und her warf. Als ich dann einen Freund hatte, folgte der Dutt, und später schnitt ich sie ein ganzes Stück ab. In meiner Fotomodell-zeit hatte ich schulterlange Haare, die ich je nach Agenturwunsch formte. In der Regel gab es für Werbeaufnahmen ein ganzes Team von Leuten, die sich um mein Aussehen kümmerten. Eines Tages fuhren wir nach Venedig. Was eigentlich so romantisch klingt, war für mich ein trauriger Abschied von meinen geliebten langen Haaren. Ich war für Modeaufnahmen gebucht und die Firma La Coupol verlangte, dass ich mir die Haare abschneiden ließ. Ich war das einzige nicht professionelle Model und ich war sauer, dass gerade ich das Opfer bringen sollte. Warum nicht die anderen? Oh, war das grausam! Am ersten Tag nach dem Styling war ich dennoch angenehm überrascht, obwohl ich mich an meinen Anblick erst einmal gewöhnen musste. Als der Chef von La Coupol die Hauptaufnahmen mit mir machen wollte, versöhnte mich das ohnehin. Ein paar Wochen später landeten diese Fotos sogar auf einer Ausstellung. Ich war mächtig stolz auf die Frau, die mir da von hohen Wänden entgegenstrahlte. Wenn die wüssten, wie ich mich damals gefühlt habe! Im Nachhinein hatte ich eins gelernt: Alles, was geschieht, ist für etwas gut. Ich hatte Haare lassen müssen, um ein besonderes Geschenk zu erhalten. Wer weiß, ob ich sonst das Hauptmodel geworden oder auf der Ausstellung gelandet wäre. Alles hat seinen Preis und nichts geschieht ohne Grund.« »Das sehe ich genauso«, wirft Natalie ein. »Immer, wenn man glaubt, dass man etwas verloren hat, steht am anderen Ende der Schicksalskette ein Gewinn.« Frank schaut uns an. »Ja, so sehe ich das auch«, erklärt er und verlässt uns, um Holzscheite zu holen.

Zurückkommend fährt er fort: »Lasst uns einmal einen Blick zum Festival nach Monte Carlo werfen. Als Michael Douglas mit Catherine Zeta-Jones erschien, trug sie die Haare offen. Heather Mills angelte sich Paul McCartney und trug natürlich auch die Haare offen. Als ich letztens eine alte Freundin traf, war ich nicht erstaunt zu hören, dass ihre Ehe beendet sei. Sie trug ein raffiniert geschnittenes Kleid mit phantastischer Konturbetonung. Ihre Haare waren schulterlang und glänzten in großen Locken. Sie sah einfach großartig aus. Für mich sieht so eine Frau aus, die sich einfach gut fühlt, weiblich und möglicherweise frisch verliebt ist. Deshalb schloss ich, dass sie nicht mehr mit ihrem Mann zusammen war, noch bevor sie etwas gesagt hatte. Mein alter Freund David berichtete mir Ähnliches, als ich ihm von meinen Beobachtungen erzählte. Wenn Frauen sich partnermäßig verändern, gehen sie nicht nur mehr joggen oder ins Fitnessstudio. Sie legen komplett mehr Wert auf ihr Aussehen und auch auf ihre Haare.«

Frank legt noch einmal kräftig Holzscheite nach und beginnt übergangslos: »Bei manchen ist die erste Reaktion auf innere Veränderung das Abschneiden der Haare, was so viel heißen will wie *Jetzt ist Schluss mit den alten Zuständen*. Dann kommt die Phase des weiblichen Ausdrucks. Dabei wird auch in Erwägung gezogen, sich die Haare wachsen zu lassen, da man eventuell weiblicher und erotischer aussehen möchte. Wie man sich entscheidet, hängt davon ab, ob man jetzt diesem inneren Bedürfnis nachkommen kann oder nicht. Frauen, die allein stehen und Kinder zu versorgen haben, bleiben in der Regel bei kurzen Haaren, da sie leichter zu pflegen sind und dies weniger Zeit in Anspruch nimmt. Aber beobachten wir sie genauer, so sehen wir hier und da eine gewollte Locke, die sich im Nacken kringelt, oder ein paar Haare keck zu den Wangen gekämmt.«

Ich wiege mich noch einmal Schwung nehmend in der Hängematte und blicke durch mein Glas Rotwein ins Feuer, als Frank fortfährt: »Viele junge Frauen tragen die Haare lang und offen als Zeichen ihrer *Noch-Freiheit*. Überall auf der Welt ist es das gleiche Spiel. Lange, duftende Haare rauschen an den Nasen junger Männer vorbei und wiegen sich teils bis zu den Hüften. Wer die Haare so lang trägt, weist natürlich auch auf seinen Unterleib, sein Becken hin. Denn dieser Kontrast ist es, die Kontrastierung von Yin und Yang, die das Auge anregt und Interesse weckt hinzuschauen. Dies ist vielleicht eine gewagte Behauptung. Aber jeder sollte dies für sich prüfen und seine Augen diesbezüglich öffnen. Ist da nicht vielleicht doch etwas dran?«

Lange Haare wirken bei jungen Frauen erotisch, sinnlich, zärtlich, nahbar

»Nach der Hochzeit lassen sich neun von zehn Frauen die Haare abschneiden. Ende der Verfügbarkeit? Das Wort Verfügbarkeit nehmt bitte nicht zu wörtlich. Es bedeutet nicht, dass die Frau *frei verfügbar* ist. Sie will sinnlich, feminin und reizvoll sein. Aber warum will sie reizen? Ist sie vielleicht noch nicht gebunden? Interessant, nicht wahr?«

»Ist dir nicht bei deinen vielen Aufenthalten in Asien die Signalwirkung von langen Haaren aufgefallen, Frank?« »Ja, eine Frau mit kurzen Haaren hat dort kaum eine Chance, einen Mann zu finden. Lange Haare sind in Asien das Sinnbild für Weiblichkeit.« »Frag' doch mal Männer in deinem Umfeld, wie Frauen mit langen Haaren auf sie wirken? Nach welcher Frau dreht sich ein Mann im Allgemeinen um?« Ich ahne schon die Antwort. Sind die Haare nicht lang, helfen wohl nur noch Ausstrahlung, Lächeln und eine gute Figur, denke ich so vor mich hin, während Frank sein Stockbrot diesmal zu lange im Feuer gelassen hat. Ungerührt trotz des angeschwärzten Brotes fährt er zum Förster gewandt fort: »Das lange, üppige Haar der Krieger und Könige war lange Zeit ein Zeichen von Stärke.« Der Nachbar bestätigt dies: »Viele Völker und Kulturen, zum Beispiel die Gallier und die Mongolen, betrachteten das lange Haar eines Mannes als Zeichen der Männlichkeit und Kraft.«
»Ja«, stimmt Frank ihm zu, »erst die moderne Gesellschaft fing an, lange Haare als Zeichen der Schwäche zu werten. Heute tragen fast nur noch Männer in kreativen und freien Berufen lange Haare, wie beispielsweise Karl Lagerfeld.

Es gibt aber auch Frauen, die ihr Leben lang lange Haare tragen. Oft liegt die Ursache im Elternhaus. So wird zum Beispiel ein Vater, der seine Tochter in der Jugend zwingt, die Haare kurz wie ein Junge zu tragen, bei der Tochter den ewigen Wunsch auslösen, mit langen Haare *zu beweisen*, wirklich Frau zu sein.«

»Seitdem du mir auf einem Wella Event von deinen Beobachtungen in Bezug auf Frauen mit langen Haaren erzählt hast, sehe ich die Menschen ganz anders an. Manchmal spreche ich auch mit Bekannten oder Freunden über die Bedeutung von langen, offenen Haaren und natürlich auch speziell den langen, blonden. In so manch geselliger Runde haben wir mit vielen Geschichten und viel Spaß deine Beobachtungen schon bestätigen können.«

Das zusammengesteckte, geknotete oder verdeckte Haar steht für **verheiratet oder nicht mehr frei sein.**

»Die Signalwirkung der langen Haare ist tausend und mehr Jahre alt und gilt auch noch heute«, sagt Frank. Als ich einige Wochen später mit einem Freund im Frankfurter Flughafen sitze und im Restaurant Käfer Menschen beobachte, bestätigt sich Franks These. Für heute aber sind wir müde. Wir vereinbaren, dass jeder von uns in den kommenden Wochen besonders auf die *Haarträger* achtet und diesbezüglich auch auf Freunde in seinem Umfeld. Wir sind gespannt, was dabei herauskommt.

Als ich mit Uwe, einem lieben Freund, im Restaurant Käfer sitze, erinnere ich mich an unser Vorhaben, Menschen im Hinblick auf Franks Beobachtungen genauer anzuschauen. Wir erwarten Franks Ankunft. Der Platz ist günstig, denn viele Menschen kommen und gehen an unserem Tisch vorbei. Wir bestellen Dim Sum, eine chinesische Spezialität. Aber weder das Essen noch die ankommenden Flugzeuge lenken mich vom eigentlichen Thema ab, den Menschen und ihren Haaren. Menschen aus den verschiedensten Ländern besuchen das Restaurant. Es ist wie ein Tummelplatz der Welt. Wir haben Spaß daran entdeckt, von den Haaren auf das Innere der Menschen zu schließen. Uwe ist schon fast ein Psychologe auf dem Gebiet. Er ist aus chinesischer Sicht im Jahr des Wasser-Tigers geboren, und es macht Spaß, mit ihm die Menschen zu beobachten. Na ja, denke ich, Leute anzuschauen ist ja auch eine typisch *jungfräuliche* Einstellung von mir. Ich bin nämlich im Sternzeichen der Jungfrau geboren. Uwe ist ein *Fische-Geborener* und die haben aus abendländischer Sicht, wie ich weiß, sowieso sensible Antennen für Menschen. Deshalb teilt er bereitwillig in diesem Fall meine Interessen. Wir trinken unser Wasser mit Limette, als sich eine Inderin auf den Platz am Nebentisch setzt. Ihre pechschwarzen Haare sind geschmückt mit kleinen Perlen, die blau und goldfarben glänzen. Wir sind uns einig, diese Frau trägt den Schmuck als Zeichen ihrer Schönheit und Hinweis auf ihre Sensibilität. Natürlich lädt Schmuck auch zum Hinschauen ein und ist allein deshalb Verführung für männliche Blicke. Denn länger als fünf Sekunden hinschauen bedeutet, das Interesse am anderen ist geweckt. Noch wesentlich länger hinzuschauen ist dann meistens ein untrügliches Zeichen dafür, dass *Mann* bereits gebannt ist. »Wie beginnt Liebe?«, frage ich Uwe. »Ich glaube, erst wird geguckt, mehr als fünf Sekunden. Bei Interesse werden dann Worte gewechselt und anschließend Mails ausgetauscht. Möglicherweise entsteht daraus eine Art von Sympathie, die sich im Gespräch dann fortsetzt und im Verlangen nach körperlicher Nähe endet. Oder was meinst du?« Dann erzählt er mir seine Lieblingsgeschichte ...

Frauen aus islamischen Ländern müssen ihre Haarpracht nach der Hochzeit in der Regel verschleiern und damit auch einen Teil ihrer erotischen Ausstrahlung, die jetzt nur noch ihrem Mann zur Verfügung stehen soll. Ihre Haare drücken ihre Weiblichkeit aus und könnten erotisches Verlangen hervorrufen. Uns gegenüber sitzt eine islamische Familie, deren Frauen allesamt schwarze Kopftücher tragen. Uwe macht mich auf sie aufmerksam. Sie scheinen aus Algerien zu kommen. Ich verstehe ein paar Wortfetzen, die in meine Richtung fallen. Meine Algerien-Aufenthalte haben mir die dortigen Frauen sehr nah gebracht. Sie färben sich die Haare mit Henna, um einen goldenen Glanz in das lange, üppige Haar zu bekommen und sie parfümieren es anschließend. Die jungen Mädchen tragen die Haare offen und ziehen damit die Blicke der jungen Männer auf sich. Es ist ihnen nur bis zur Hochzeit vergönnt, die Haare unbedeckt zu lassen. Verheiratete Frauen tragen ihre Haarpracht meist unter einem Schleier. Teilweise finde ich den Schleier ganz bequem, da er ein Stück weit auch die Freiheit gibt, mit den Haaren nachlässiger sein zu dürfen. Er kann aber auch bequem machen und dazu beitragen, weniger bewusst mit der eigenen Person umzugehen. Für mich persönlich aber war es immer ein wunderbares Gefühl, meine längeren Haare auf der Haut zu spüren, erst recht, wenn sie seidig glänzten und dufteten, was ja bei guter Ernährung und Pflege unschwer zu erreichen ist. Ich selbst trug den Schleier, um Ruhe vor den Männern zu haben. So konnte ich ungestört auf den Markt gehen und sicher sein, nicht immer eine Schar von heißblütigen Männern im Schlepptau zu haben.

Wir betrachten eine große Blondine, die sich suchend umschaut. Uwe sieht mich an und fragt: »Wie würdest du eine verführerische Frau definieren?« »Na, blond und langhaarig, wie denn sonst.« Diese Antwort kommt ganz spontan. »Da kann man machen, was man will. Es ist genauso, wie wenn man auf Farben angesprochen wird. Man wird, wie Untersuchungen von Professor Harald Braem bestätigen, immer zuerst die Farbe Rot nennen. Also, Uwe, was hast du erwartet?«

In unserem Unterbewusstsein sind lange Haare bei Frauen der Inbegriff für Weiblichkeit.

Schließlich sehen wir Frank mit Koffern beladen auf unseren Tisch zusteuern. Wir umarmen uns wie alte Freunde. Frank ist auf der Rückreise von einer Event-Show in Brasilien, und der vierzehnstündige Flug ist ihm nicht im Geringsten anzusehen. Uwe schlägt vor, auf unser Treffen mit einem Prosecco bei HARRODS anzustoßen. Dann wollen wir natürlich wissen, wie Franks Wella-Event verlaufen ist.

So begeistert wie sonst war Frank über die Aufführung nicht, da die Brasilianer einen anderen Zeitrhythmus haben und nicht ganz die deutsche sprichwörtliche Pünktlichkeit und Zuverlässigkeit. Brasilianer regeln das auf ihre Art und Weise, und es ist erstaunlich, dass trotz allem die Dinge laufen, nur eben in einer anderen

Gangart. Letztendlich habe dann aber dennoch alles geklappt, und ich kenne Frank nur zu gut, um zu wissen, dass er stets sehr hohe Anforderungen an sich stellt. Er will immer sein Bestes geben, und das ist ihm in vielen Fällen noch nicht gut genug. Manchmal kommt er mir wie mit Wella *verheiratet* vor. Begeistert präsentiert er neueste Trends, mal im westlichen und mal im östlichen Teil der Welt.

Sichtlich beeindruckt erzählt uns Frank, wie die Brasilianer das Tanzen im Blut haben und grundsätzlich nicht still sitzen können, wenn Rhythmen erklingen. Mir geht es ähnlich. Vielleicht hängt es damit zusammen, dass ich Olivia heiße und dies ein Name ist, der in Südamerika weit verbreitet ist. Olivia kommt bekanntlich von Olive, der man Optimismus, Lebensfreude und Gesundheit nachsagt. Genau das trifft auf mich auch zu, und ich muss wohl auch das Heißblütige, Rhythmische der Südameri-kanerinnen mitbekommen haben. Ich schmunzele vor mich hin: Ja, meine Lieben, Namen sind eben nicht nur Schall und Rauch. Sie sind Schwingungen und übertragen sich in ihrer Wirkung auf ihren Träger. Je öfter man seinen Namen ausspricht oder schreibt, umso intensiver kommt die Energieform an.

»Was gibt es Neues in punkto Haare?«, möchte ich von Frank nun wissen. »Auch in Brasilien ist es so, dass durchaus nicht alle Frauen lange Haare tragen, um ihre Weiblichkeit zum Ausdruck zu bringen. Wie bei uns sind auch dort Frauen in Führungspositionen mit kurzen Haaren anzutreffen, ohne deshalb an Sexappeal einzubüßen.«

Haare sind bei Frauen Vermittler von Sinnlichkeit und Schönheit und Ausdruck von Verführungskraft und momentaner Gefühlslage. Bei Männern sind sie Symbol von Kraft und Energie.

»Einfühlsames und bewusst offenes Herangehen des Friseurs an die Kunden setzt bestimmte Kenntnisse des Haares und der Psychologie voraus, egal auf welchem Kontinent wir uns befinden. Das ist überall auf der Welt gleich. Wenn wir von langen Haaren sprechen, dann seht ihr mitunter HEATHER MILLS vor euch, CLAUDIA SCHIFFER oder ELLE MCPHERSON, alles blonde Langhaarige. Die Filmindustrie hat sich in den sechziger Jahren das Bild der Frau mit den blonden Haaren ebenfalls zunutze gemacht und mit solchen Schauspielerinnen Rollen besetzt, die das Gute repräsentieren sollten. Selbst in der Geschichte hatte sich die bekannte und sehr verführerische Malerin ANGELICA KAUFFMANN dieses Prinzips bedient. Sie war die berühmteste Künstlerin des 18. Jahrhunderts, eine Frau, die im Mittelpunkt der kosmopolitischen Gesellschaft stand. Ihre Identifikation fand sie in blonden, lockigen und lose gebundenen Haaren. Verführerisch hatte sie diese einseitig über die Schulter gelegt. Sie verkörperte damit das Bild einer engelhaften Schönen. Das brachte ihr Gönner und Bewunderer ein, die ihr schließlich zu Ruhm verhalfen. Johann Gottfried Herder sagte: *Bei aller demütigen Engelsklarheit und Unschuld ist sie vielleicht die kultivierteste Frau in Europa.* Andererseits wurden dunkelhaarige Frauen für Rollen gewählt, in denen die Frau das Starke verkörperte. SOPHIA LOREN war eine von ihnen. Sie strahlte Stärke aus. Die brasilianischen Frauen mit ihren schwarzen Haaren wirken beispielsweise ebenfalls stark, fast dominant. Die dunkle Haarfarbe wirkt zudem äußerst erotisch im Zusammenklang mit ihren Bewegungen bis hin zum Gesichtsausdruck.

Wir sind uns einig, nach dem Prosecco, der mir schon zu Kopf steigt und Röte auf die Wangen treibt, noch einen Kaffee zu trinken. Bei HARRODS sind wir da genau richtig. Der Kaffee ist ausgezeichnet, und wir verkösten dazu noch einige Lychees. »Wisst ihr«, erklärt uns Frank, »Haare und ihre Bedeutungen sind in uns durch Bilder, Erzählungen, Filme und Menschen unseres Umfeldes tief verankert. Finden wir jemanden symphatisch, so finden wir auch die Art, wie er seine Haare trägt, unbewusst positiv. Mögen wir jemanden nicht, so werden wir auch seine Frisur in unserem Unterbewusstsein im Ordner mit der Aufschrift *Negativ* ablegen. Je mehr Negativbilder dort abgelegt sind, desto mehr Argumente gegen bestimmte Frisuren werden wir in uns haben. Umgekehrt funktioniert dies natürlich auch. Martha, eine Kundin von mir, hatte sich jahrelang die Haare nicht rot färben wollen, weil sie einen Konflikt mit ihrer rothaarigen Mutter gehabt hatte. Paula, eine andere Kundin, war bei ihrem Vater aufgewachsen. Sie wollte sich schon immer die schwarzen Haare blond färben, was ihr der Vater jedoch verboten hatte, damit sie der Mutter nicht ähnelte. Endlich allein entscheiden könnend, ging sie zum Friseur mit der festen Ansicht, blond müsse sie sein, so blond wie ihre Mutter! Je emotionaler Bilder in uns verankert sind, desto tiefer sind sie in uns verwurzelt, ob positiv oder negativ.«

Frank ist überzeugt, dass Gespräche von Friseur zu Kunde ganz neue Facetten zu Tage bringen würden. »Der Figaro könnte sich so über das Alltagsgespräch wie Wetter und Nachrichten hinaus ein Tor zur Kundin öffnen. Gedanklich bei der Kundin zu sein, weder an die Pause noch den Einkauf noch an die Kinder während der Arbeit zu denken, macht sich bezahlt«, ist sich Frank sicher. »Und auch das Ambiente ist wichtig, in dem sich die Kundin aufhält«, betone ich. Schließlich ist das mein Metier. Uwe stimmt mir bedingungslos zu, denn da kennt er sich auch aus.

Die Haare einer Braut

Auf dem Tisch uns gegenüber liegt eine Zeitschrift. Auf dem Titelbild ist eine Braut zu sehen. Frank inspiriert das Bild zu der Aussage, dass es ein besonderes Phänomen sei, dass, wenn eine Frau heiraten wolle, sie sich die Haare wachsen lasse. »Meiner Beobachtung nach lassen Frauen sich etwa ein Jahr vor der Hochzeit die Haare wachsen, um sie dann später hochstecken zu können. Königinnen hatten in der Geschichte immer hochfrisierte Haare und dazu eine Krone. Eine Braut in der heutigen Zeit ist die Königin für einen Tag, für ihren ganz besonderen Tag. Der Haarschmuck wird in Form einer Krone frisiert. Die Königin für einen Tag und eine Nacht ist wunderschön und strahlt wie eine Blume. Nach der Hochzeit lassen sich viele Frauen die Haare abschneiden als Zeichen des Wandels. Die Ehefrau und spätere Mutter benötigt eine andere Haartracht, eine, die unkompliziert und schnell zu frisieren ist. An langen Haaren ziehen die Kinder und das Trocknen dauert zu lange. Also lieber gleich ab?«, schaut Frank uns fragend an, während Uwe und ich abgelenkt von einer eintretenden Schönen mit langen Haaren von unserer Kaffeetasse aufschauen.

Göttin oder Kriegerin

»Lange Haare sind das Symbol für *Yin* gleich Weiblichkeit und kurze Haare für *Yang* gleich Männlichkeit. Habt ihr schon einmal beobachtet, wie Göttinnen bildlich dargestellt werden? Die Weiblichkeit der Frau, die Göttin in ihr, wird mit langem, offenen Haar symbolisiert im Gegensatz zu Kriegerinnen, die ihren Ausdruck in kurzen oder zusammengebundenen Haaren finden.«

»Besonders Zeichentrickfilme für Kinder zeigen noch sehr deutlich Bilder von gut gleich blond und böse gleich schwarzhaarig. Auch im Film *Ariel – die Meerjungfrau* wurden die weiblich und hilflos wirkenden langen, blonden Haare Ariel zugesprochen und die Zauberin hatte natürlich schwarze Haare. Dunkle Haare wirken zudem durchsetzungsstark und vorwärts preschend. Das trifft auch auf die Zauberin im Film *Die unendliche Geschichte* zu. Aber auch Filme für Erwachsene nutzen die Sprache der Haare, wie ein Freund von mir, der in Los Angeles lebt und in der Filmbranche arbeitet, bestätigt. Natürlich suchen wir für die Filmrollen die entsprechenden Darsteller, die nicht nur von ihrem Können her überzeugen müssen. Haarfarbe und Haarlänge sind wichtig, um einen bestimmten Typ zu kreieren. Als wir die Hauptdarstellerin für *Pretty Woman* suchten, war natürlich klar, dass JULIA ROBERTS in Frage kam. Sie verkörpert mit ihrer Art und dem Stil ihrer Haare genau den Typ, den wir brauchten.«

Haare ab

»Mit der französischen Revolution schnitt das Volk den Herrschenden als erstes Zeichen der Entmachtung die Haare ab«, erläutert Frank. »MARIE ANTOINETTE wurden die Haare zum Schicksal. Auf der Flucht vor den Revolutionären wartete sie auf ihren Friseur Autier, ohne den sie nicht fliehen wollte. Das ist wahrscheinlich der Grund dafür, dass sie die Flucht zu spät antrat und schließlich hingerichtet wurde.«

»Eine Art Revolution hat auch in unseren Tagen die Emanzipationswelle ausgelöst, und was war eine der Auswirkungen? Die Frauen ließen sich in vielen Fällen die Haare abschneiden. Oder denkt mal an die Frauen, die, wie es so schön heißt, *ihren Mann stehen* müssen. Auch sie haben häufig kurze Haare.« »Ich habe die Erfahrung gemacht, dass Frauen, die kurze, glatte Haare tragen, häufig weniger Unterstützung durch ihre Eltern erhalten haben. Die Art, die Haare so zu tragen, könnte sagen: *Ich schaffe es auch ohne euch!* Und was ist mit denen, die Glatze tragen, Frank?«

»Wer gar eine Glatze trägt, unterwirft sich möglicherweise einer Gruppierung, ist radikal zu sich selbst und ordnet sich vielleicht einer Sache oder Idee unter, wie beispielsweise der DALAI LAMA.«

Länge, Farbe und Form einer Frisur sind ein deutliches Signal an das Umfeld

»Wie die Geschichte dokumentiert, wurde Französinnen, die sich im Zweiten Weltkrieg mit Deutschen einließen, der Kopf öffentlich geschoren. Man könnte auch sagen, je kürzer oder radikaler der Haarschnitt, desto erniedrigender und strafender kann er für eine Person sein, die diesen nicht freiwillig gewählt hat. Schauen wir in die Klöster Chinas, Tibets oder auch Japans. Die Tonsur oder das geschorene Haupt sind Zeichen der Unterwürfigkeit und des bedingungslosen Gehorsams innerhalb eines Ordens.

Der radikale Haarschnitt findet sich aber auch in anderen Gruppen außerhalb der Klostermauern wieder. Dort, wo das individuelle Interesse dem Anliegen der Gruppe unterstellt wird, ist radikaler Haarschnitt angesagt. Dies ist in Armeen, politischen Gruppierungen und organisierten Banden zu finden. Man kann natürlich auch hart zu sich selbst sein, ohne einer Gruppierung anzugehören. Den Kopf von Haaren zu befreien, kann im Synonym bedeuten, *sich den Kopf frei zu machen.*«

Frank erzählt uns folgende Begebenheit: Eine seiner Kundinnen war auffallend groß und hübsch. Sie hatte lange Haare und kam zu ihm, um sich diese kurz schneiden zu lassen. Sie war es leid, regelmäßig von Männern angesprochen, ja belästigt zu werden. Ihr Wunsch, schlichter und dezenter auf die Menschen zu wirken, ist durch Franks Haargestaltung in Erfüllung gegangen. Die Kundin wollte, dass ihr die Männer in die Augen und nicht nur auf die Haare schauten. Mit kurz gestylten Haaren à la Frank wurde ihr Wunsch nun Wirklichkeit. Jetzt ist sie eine selbstbewusste Frau, die mit Begeisterung Kunst studiert.

»Nennt mir bitte spontan eine Frau, die politische oder wirtschaftliche Macht verkörpert, aber dies mit langen Haaren. Müsst ihr dafür nachdenken? Ja, das ist kein Wunder. Bei längerem Nachdenken würdet ihr sicherlich welche finden. Aber die Haare würden hochgesteckt sein.«

Ich horche in mich hinein. Auch ich habe kurze Haare und gehe gerade einen neuen Weg. Ich sehe dies nicht als Machtdemonstration, wohl aber getreu dem Motto: *Ich mache mir den Weg frei!* Bin ich doch in der Regel von männlichen Kollegen umgeben, deren Augenmerk ich nicht auf meine weiblichen Reize, sondern auf meinen Sachverstand hinlenken möchte. Obwohl Aisha Rokowsky, eine Freundin aus München, die viele TV-Auftritte hat und Frauen darin Mut macht, das Beste aus sich zu machen, mich letzthin animierte, meine Weiblichkeit mehr zum Ausdruck zu bringen. »Ja«, sage ich zu Uwe und Frank gewandt und an Harrods Keksen knabbernd, »Ich möchte gern beides in der Männerwelt sein, sachkompetent, aber andererseits auch meine Weiblichkeit über die Frisur zum Ausdruck bringen. Mal sehen, wo mich das frisurmäßig noch hinführt. Ich lasse mich am besten von dir, Frank, beraten. Da weiß ich, was ich habe ...«

Möchte eine Frau Stärke zeigen, so sind ihre Haare möglicherweise kurz oder eng anliegend

»In der heutigen Zeit übernehmen Frauen Rollen mit mehr Verantwortung als in der Vergangenheit. Seitdem haben Frauen auch verstärkt Probleme mit Haarausfall ähnlich wie die Männer. Häufig beobachte ich auch bei Frauen in Positionen mit Macht und Einfluss, dass sie ihre Haare zwar akkurat tragen, aber keinerlei Wert auf die Wirkung ihrer Frisur legen. Ein gutes Beispiel dafür ist möglicherweise die Spitzenpolitikerin ANGELA MERKEL. Sie legt mehr Bedeutung in den Inhalt ihrer Aussagen als in ihre Frisur und deren Wirkung. Damit nimmt sie einen Teil ihrer Weiblichkeit oder auch Person zurück. Besser wäre es natürlich, eine Einheit zwischen ihrer Person und ihrem äußeren Auftreten mit einer für sie und ihren Typ harmonischen Frisur zu vermitteln.« Aber auch das sich Hinwegsetzen über geforderte Haar-Codes, meint Frank, sei eine Form der Darstellung von Macht.

Es gibt Frauen, die ihre Haare kurz tragen, aber mit exakt geschnittenen Konturen, als wollten sie sagen: *Dies ist meine klare Linie und Aussage.* Ein gutes Beispiel hierfür ist eine von Franks Kundinnen, die er schon seit vielen Jahren bedient. Vor sechs Monaten hatte sie den Entschluss gefasst, sich selbstständig zu machen. Bereits drei Monate später kam sie zu ihm, um sich die Haare abschneiden zu lassen. So entstand der kurze, gradlinige Bob. Mit diesem Schnitt hatte sie auch psychisch den Schritt von einer Kundenberaterin für Internetauftritte zu einer selbstständig agierenden Chefin mit fünf Mitarbeitern getan. Wie sie selbst bestätigte, fühlte sie sich mit der neuen Frisur auch äußerlich für ihre neue Aufgabe auf dem Gebiet der Softwareentwicklung gewappnet.

»Uwe, wie siehst du das? Du hast doch auch ständigen Kontakt zu deinen Kunden und kommst viel in Neubauten herum. Was für Erfahrungen hast du mit Frauen gemacht, die einen kurzen Haarschnitt tragen?« Uwe lehnt sich zurück und meint, dass Frauen mit kurzen Haaren meist viel um die Ohren und oft Kinder und Haushalt zu versorgen hätten. Es gebe aber auch da einen Unterschied, nämlich zwischen Frauen mit ästhetischem Äußeren und kurzen Haaren und denen, die sich eher gehen ließen. Letztere wirkten auf ihn eher hausbacken oder in dem einen oder anderen Fall auch allein, vielleicht sogar einsam. Erstere seien dagegen unternehmungslustig, führen Rad, gingen joggen oder spielten Tennis.«

Kurze Haare

Für mich symbolisiert ein Kurzhaarschnitt in erster Linie Mut und Power. BRIGITTE NIELSON trug die Haare blond, kurz und sexy. Frank ist der Meinung, dass selbst der sehr feminin frisierte Kurzhaarschnitt für Durchsetzungsvermögen stehe, was ja auch bei BRIGITTE NIELSEN der Fall ist. »Ist nicht die Schauspielerin SHARON STONE auch ein gutes Beispiel dafür?« »Ja«, entgegne ich, »aber du brauchst noch nicht einmal so weit zu schauen. Nimm doch nur den Grand-Prix-Veteranen RALPH SIEGEL. Seine Freundin KRIEMHILD JAHN schnitt sich die Haare just zu dem Zeitpunkt kurz, als die Scheidung für Ralph anstand und sie beide viel durchzustehen hatten. Was will uns das sagen?«

Frauen mit Kurzhaarschnitt wirken sicher und zielstrebig.

Wir sind uns einig und bestätigen Franks Beobachtung, dass kurze Haare häufiger bei Frauen vorkommen, die ihr Elternhaus gern von Weitem sehen, weil sie sich unverstanden und unbeachtet fühlen und sich davon distanzieren möchten. Wir bestellen noch einen Cappuccino, als eine langbeinige Schöne mit Kurzhaarschnitt unsere Blicke kreuzt. Vielleicht gerade deshalb wirft Frank jetzt folgende These in die Runde, dass sich Kurzhaarige oft nach Liebe und Zuwendung sehnen, aber durch den kurzen Schnitt zu erkennen geben, dass sie durchaus auch allein zurechtkommen. So manch eine sei sogar zickig, aber im Herzen eine sanfte Blume...

In dem Moment erinnere ich mich an eine Bekannte namens Sabine und finde das Bild sehr zutreffend. Frauen mit kurzen Haaren wirken zudem sehr selbstbewusst auf ihr Umfeld. Selbstbewusstsein müssen ja auch Frauen in Führungspositionen haben. Sie drücken dieses Charaktermerkmal in der Regel durch kurze Haare dann auch nach außen hin aus.

Wer sich die Haare abschneiden lässt, macht oft zu dem Zeitpunkt eine Wandlung durch

»Ein tolles Beispiel hierfür hatte ich in meinem Salon«, erzählt Frank. »Meine Kundin kam aus Kalifornien ungewollt ins kalte Deutschland zurück, weil man ihr Visum nicht verlängert hatte. Diese innere Zerrissenheit und das Heimweh nach Kalifornien haben dann dazu geführt, dass sie kraftloses Haar bekam und nahezu 50 Prozent ihrer Haare verlor. Die Mediziner hatten keine Erklärung. Dann traf sie den

Mann, mit dem sie später zwei Kinder bekommen sollte. Schmerz und Heimweh waren verdrängt und sie und ihr Haar blühten auf. Sie ließ die Haare länger wachsen, da dies dem Bild ihrer Rolle als reizvolle Frau und Mutter entsprach. Vor einigen Monaten traf sie dann ihre alte Jugendliebe wieder. Verdrängte Wünsche kamen hoch und es begann erneut für sie ein innerer Kampf. Nach einer langen und ausgiebigen Beratung habe ich ihr dann die Haare wesentlich kürzer geschnitten als Zeichen der Veränderung. Sie wollte eine andere Rolle, nicht mehr nur Mutter, sondern auch selbstbewusste Frau sein. Durch den neuen Haarschnitt signalisierte sie ihrer Umwelt, dass sie ihre Rolle geändert hatte. Beim nächsten Besuch schnitt ich ihr die Haare noch ein Stückchen mehr ab. Ihren Kindern gefiel das nicht, sie aber war sich ihrer neuen Rolle ganz sicher. Sie wusste, das Ruder des Lebens lag in ihrer Hand. Sie wollte nicht länger nur noch auf die Bedürfnisse der Familie reagieren. So bekam sie eine sehr selbstbewusste und positive Ausstrahlung. Der Haarschnitt war bei ihr das optische Signal der inneren Veränderung.«

Kurze Haare müssen aber nicht immer stimmig wirken. Eine Kundin von Frank ließ sich nach der Trennung von ihrem Mann ihre hellblonden Haare extrem kurz schneiden. Jahre danach erzählte sie ihm, dass sie zum damaligen Zeitpunkt Angst davor hatte, alleine zu sein, und mit ihrem Haarschnitt Stärke und Unabhängigkeit signalisieren wollte. Ganz anders aber sah es in ihrem Inneren aus. Da der Schnitt nicht zu der ehrlichen Gemütsstimmung passte, war die Frisur ohne Ausdruck. Frauen, die ihre Haare sowohl kurz wie auch lang getragen haben, wissen von der Wirkung auf Männer. Frank schreibt folgende Thesen auf ein Blatt Papier:

Mit längeren Haaren ist es wesentlich leichter, Kontakt zu Männern zu finden.
Kurze Haare mit klaren, harten Konturen bauen Distanz auf.
Wer sein Leben eher konservativ sieht, neigt zu kurzem, dauergewelltem Haar.
Lebenskrisenzeiten werden häufig mit kurzem Haar durchlebt. So möchte man möglicherweise zum Ausdruck bringen, auch gut allein zurechtzukommen.

Wir schauen ihn fragend an. »Willst du das wirklich so gezielt stehen lassen? Ist das nicht ein bisschen zu direkt ausgedrückt? Vielleicht ist das ja nicht unbedingt auf jede Frau zutreffend!« »Ich möchte die Thesen so stehen lassen als Anregung zur Diskussion und Aufforderung dazu, sich selbst zu beobachten. Wenn ich falsch liegen sollte, haben wir immerhin erreicht, dass die Leute nachdenken und ins Gespräch kommen.

Ein neuer Schnitt kann auch ein *sich Wappnen* sein für bevorstehende Aufgaben. Das hat für mich etwas mit den Kriegerinnen in der Antike gemein, die auch die Haare kurz trugen.«

Haare und Politik

Frank kommt von den Frauen zu den Männern, und ich würde liebend gern über die Männer in unserem Buch schreiben. Wir beschließen dann jedoch, dieses in einem nächsten Buch zu tun. Dennoch ist es auch ihm wichtig, das Thema Männer und Haare an dieser Stelle wenigstens zu streifen. »Meinungsforscher haben festgestellt, dass Bewerber für führende politische Positionen deutlich bessere Wahlchancen haben, wenn sie volles Haar haben. Beispiele hierfür gibt es genug. In Amerika hat man dies schon lange erkannt, dort nehmen Persönlichkeitsberater starken Einfluss auf die Vermarktung eines Bewerbers. Die Signalsprache der Haare ist von entscheidender Bedeutung.« Frank behauptet, dass es in Amerika keinen Präsidenten mit schütterem Haar geben werde, denn das signalisiere Schwäche. »Und was war mit HELMUT KOHL? Hat er nicht geradezu extrem dünnes Haar und hat es doch zum Bundeskanzler gebracht? Und FRANZ JOSEF STRAUSS war auch nicht besser dran«, erinnere ich mich. »Sie schafften sich durch ihre stattliche Statur einen Ausgleich zu ihren schütteren Haaren.«

»Im Feng Shui, dem Prinzip von *Wind und Wasser*, hat schütteres Haar auch etwas mit Sensibilität zu tun. Ein Präsident darf und muss sie doch haben, oder?« Frank aber bleibt beharrlich. »Die Haare dieser Menschen sind in erster Linie dünn und schwach, weil sich ihre Träger falsch ernährten. Zu viel tierisches Eiweiß ist meistens daran schuld. Die vielen Säuren im Körper tragen letztlich dazu bei, dass der Haarboden zu sauer ist, um die Haare richtig zu ernähren und diese festzuhalten. In der Landwirtschaft ist es ähnlich, wenn wir an die übersäuerten Böden denken. Diese Erkenntnis wird in unserer ernährungsbewussten Zeit immer wichtiger. Sie ist genauso wichtig, wie seinen Körper in Form zu halten. Je intakter der Körper, desto besser *gehen wir mit ihm durchs Leben*. Ein gesunder Geist wohnt in einem gesunden Körper.« Ich schaue meine beiden Gesprächspartner an: schlank, muskulös und mit einem Lächeln auf dem Gesicht. Sie haben ihren Körper im Griff und *die Haare am rechten Fleck*, zumindest, soweit ich es beurteilen kann. Uwes dichtes, glattes Haar und Franks gelocktes könnte jedem von beiden zu Rang und Würde verhelfen.

»In China ist das dunkle Haar ein Zeichen von Yang-Energie, von Herrscherkraft. Wer ergraut, fühlt seine Lebensenergie schwinden. Die Yang-Kraft verlässt ihn. Er fühlt sich alt und er merkt, dass seine Potenz abnimmt. Die chinesische Medizin kennt aber einige Möglichkeiten, die Yang-Energie wieder herzustellen. In diesem Fall helfen Hirschgeweihkuren, Ginseng und Co. oder auch das Haarefärben. Vielleicht entwickelt ja auch Wella ein entsprechendes Konzept. Lassen wir uns überraschen, Frank.«

Frank erzählt daraufhin eine Begebenheit aus seinem Salon: »Ich hatte einmal eine Kundin mit langem, aber extrem dünnem Haar. Im Beratungsgespräch habe ich versucht herauszufinden, warum das Haar so schwach war. Meine Kundin war sehr reserviert und wollte zuerst nicht gemeinsam mit mir nach der Ursache forschen. Sie wollte nicht zugeben oder wahrhaben, schwaches Haar zu haben. Nach einigen Umwegen fing sie dann an zu erzählen, dass sie im Controlling einer großen Bank tätig sei und ausschließlich mit Männern zusammenarbeite. Da sie um Anerkennung ihrer Arbeit kämpfe, habe sie zudem mit einem Abendstudium begonnen. Ihre gesamte Gestik und Motorik wirkten recht maskulin. Ich habe ihr empfohlen, die Haare kürzer zu tragen oder aber sie während der Arbeit zusammenzustecken. So wie ihre Haare aussahen, konnte sie nur einen schwachen Magnetismus auf ihre Umgebung ausüben und folglich nicht sehr erfolgreich sein. Ich wünschte mir, für sie eine Frisur zu finden, die ihr Halt, Kraft und Ausstrahlung in der Position der Controllerin gäbe. Ich wollte ihr zu einem Stück mehr Anerkennung verhelfen. Da die Haare sehr schwach waren, musste sie dadurch auch ihrer weiblichen Rolle entsprechend den Beschützerinstinkt wecken. Dem war auch so, ihre Kollegen gaben ihr Unterstützung und Zuneigung, aber als Kollegin hatte sie es trotzdem sehr schwer, sich gegen die Männer und im Team zu behaupten.

Der Konflikt um Anerkennung nimmt dem Körper so viel Energie, dass es den Haaren an Spannkraft fehlt. Die Kenntnis der Ursache weist auf den Weg der Lösung. Die Kundin muss für sich entscheiden, was für sie das Richtige ist. Natürlich kann der Friseur hier helfen und in solch einem Fall auch Haarpflegeprodukte empfehlen, die das Haar von außen aufbauen und den Glanz verstärken.«

Frank hatte mich mit seinen Worten zum Nachdenken gebracht und ich blickte in mich, wer in meiner Umgebung denn lange und dünne Haare hatte. Da fiel mir meine gutmütige Tante Elsa ein, stets liebevoll, häuslich und kinderlieb. Ihr Beschützer war der gute Josef, mein Onkel, ohne den sie nicht gut auskam. Die beiden waren wie Pech und Schwefel. Als er vor ihr starb, wirkte sie fortan recht schwach und geknickt wie ein Halm im Wind. Zu diesem Zeitpunkt trug Tante Elsa das Haar streng zurück. Das bedeutet in der Philosophie von Wind und Wasser, dass sie nicht zeigen wollte, was sie wirklich empfand. Solche Frauen haben in der Regel einen noblen Charakter und auch sehr viel Verständnis für Kinder. In der Tat! Tante Elsa verband alle diese wunderbaren Eigenschaften miteinander. Und selbiges traf auch auf unsere Nachbarin zu, die die gleiche Frisur und fast ebenso dünnes Haar hatte.

»Wisst ihr was, meine Lieben ...«, sage ich, »wenn ihr noch Zeit habt, fahren wir jetzt zu mir nach Hause und machen es uns gemütlich.« Die beiden sind einverstanden, und kurz darauf sitzen wir in meinem Haus im Taunus auf dem Balkon und schauen ins Grüne. Frank hat noch viel von seiner Reise zu erzählen und Uwe und ich hören gern zu. Aber irgendwann kommen wir doch wieder auf unser Thema, die Haare, zurück.

Schütteres Haar, ein Zeichen der Schwäche?

»Denken wir mal an KÖNIG LUDWIG, DEN XIV«, beginnt Frank unvermittelt beim Betrachten eines alten Gemäldes neben dem Kamin. »Mit ihm kam die Perücke in Mode. Er trug sie nicht zuletzt wegen seiner Kahlköpfigkeit. So beeinflusste er wesentlich die Mode seiner Zeit.«

Ich denke eher an die Aussagen der traditionellen chinesischen Medizin. Schütteres Haar bedeutet Yin und ist ein Zeichen für Yang-Schwäche. Das Yin ist weiblich und nachgiebig, es steht deswegen Künstlern und Feingeistigen gut. Yang dagegen steht für Stärke und drückt das männliche Element von Kraft und Eroberung aus. Wen wundert es da, dass CÄSAR bei seinen Triumphzügen zeitweise eine Lorbeerkrone trug. Er wollte der Schmach der Glatze entfliehen. Was er anfangs nur zeitweise trug, wurde schließlich sein Dauerbegleiter. Der Lorbeerkranz war sein Halt.

»Wisst ihr, dass Hüte und Bänder wie ein Lorbeerkranz zu bewerten sind?«, fällt mir dazu ein. Seine Träger können sich stark auf ein Ziel hin konzentrieren. Je enger Hut oder Bänder sind, desto konzentrierter, wenn auch einseitiger denkt sein Träger. Das hängt mit der Kopfatmung eines jeden zusammen. Wir atmen nicht nur über den Brustkorb, wir atmen auch über den Kopf. Bindet man ein Band fest um den Kopf, tritt eine Blockade der Atmung ein und in der Folge Einseitigkeit im Denken. Das ist durch die Craniosacraltherapie belegt. Ein locker um das Haupt gelegter Kranz bewirkt dies nicht.

Ein Blumenkranz im Haar drückt Romantik aus und ein Kind mit Blumen im Haar zeigt für mich, dass es der Natur noch sehr verbunden ist. Oder denken wir an ein Diadem, das mitteilt, man möchte geachtet werden. Und wer kennt es nicht aus Filmen: Edelsteine im Haar gaben zu allen Zeiten Kraft. Tragen Frauen zum Beispiel einen Saphir im Haar, dann werden sie ruhig und gelassen. Tragen Frauen einen Smaragd, kann es sein, dass sie gesprächig werden, und tragen sie schließlich einen Amethyst, werden sie Lust auf Wandlung und Heilung verspüren. Ob die Frauen die Steine in Form einer Haarnadel, an einem Haarband oder als Diadem im Haar tragen, bleibt ihnen überlassen. »Das ist natürlich jetzt nichts für euch«, flechte ich ein, »aber ihr dürft als Männer Nutznießer sein. Ihr dürft euch an der Schönheit der Frauen erfreuen, und wenn sie sich dann noch gut dabei fühlen, werden sie eine phantastische Ausstrahlung haben.«

Uwe und Frank haben keine Mühe, die Schönheit der Frauen zu genießen und lachen verschmitzt. »Wisst ihr, dass Haarausfall natürlich in diesem Zusammenhang eine Frau besonders trifft?«

Haarausfall

In der fernöstlichen Medizin wird davon ausgegangen, das die Energie von Leber, Nieren und Lunge das Wachstum und die Gesundheit der Haare bestimmt. Qualität und Quantität hängen vom jeweiligen Gesundheitszustand ab. Die Tatsache, dass nach einer Chemotherapie die Haare ausfallen, bestätigt die toxische Wirkung auf die Zellen, insbesondere die Nieren. Wenn diese geschwächt sind, können sie nicht mehr genügend Energie für den Körper bereitstellen. Bereiche, die nicht unbedingt wichtig für das Überleben sind wie beispielsweise die Haare, werden zuletzt versorgt. Also fallen die Haare aus. Auch Aufregung, Stress und heftige Gefühle können bewirken, dass die Nieren geschwächt werden und somit das Haar dünn wird, ausfällt oder seine Farbe verändert. Dies hat unter anderem die Stressforschung bewiesen. Auch Emotionen wie Trauer, Zorn oder auch Angst können über eine Schädigung der Nieren zu Haarausfall führen. Übrigens sind die Nieren paarig angelegt. Hat man partnerschaftliche Probleme, können die Haare ebenso ausfallen.

Eine weitere Ursache für Haarausfall kann ein zu hoher Flüssigkeitsverbrauch sein. Zuviel Salz, Natriumchlorid, kann im Körper dazu führen, dass sich Flüssigkeiten stauen und der Körper aufschwemmt. Verwendet man Steinsalz, passiert das nicht. Zu viel Flüssigkeit kann auch eine Erweiterung des Haarbalgs bewirken, was wiederum dazu führen kann, dass das Haar ausfällt.

Haarausfall hat meistens eine psychische Ursache, selten eine physische. Zwei Beispiele erzählt uns hierzu Frank. Eine Kundin klagte schon seit zwei Jahren über verstärkten Haarausfall und suchte deswegen verschiedene Ärzte auf. Aber niemand konnte ihr so recht helfen. Auf einmal war das Problem vorüber, die Haare hatten wieder ihre alte Kraft und wurden immer dichter. Auf meine Frage, was in ihrem Leben vor etwa vier bis fünf Monaten passiert sei, antwortete sie, dass ihre Schwiegermutter in ein Pflegeheim gekommen sei und sie seitdem wieder frei und selbstverantwortlich in ihrem Haus entscheiden könne. Ich kann dies nachvollziehen, denn ich habe ähnliche Erfahrungen in der Vergangenheit gemacht.

Frank fährt fort: »Die Ursachen von Haarausfall müssen wir immer in der Vergangenheit suchen. Auch wenn die Ursachen behoben sind, kann es noch mal so lange dauern, bis die positive Wirkung zu sehen ist. Die beschriebene Kundin hatte sich ihrer Freiheit beraubt gefühlt, und dieser Verlust verursachte den Verlust der eigenen Haare.

Eine andere Kundin hatte sich mit ihrer Tochter zerstritten und beide wollten nichts mehr voneinander wissen. Als ich bemerkte, dass sie sehr kräftigen Haarausfall bekam, habe ich sie mit aller Überzeugung ermuntert, sich um eine Beendigung dieses Streits zu bemühen. Dem Körper fehlte durch den Streit die Energie, die eigenen Haare zu halten. Er benötigte sie für etwas anderes. Fallen die Haare aus, dann ist dies ein deutliches Warnsignal für etwas, das wir regulieren müssen.«

Es ist ein heißer Tag mit wolkenlosem Himmel und wir haben kein *Sitzfleisch* mehr. »Lasst uns doch, bevor es dunkel wird, zum See und dann rüber nach Langenseifen fahren, um den Traumblick zu genießen«, schlage ich vor. »Das inspiriert und macht die Gedanken frei.« Gesagt getan, die beiden haben Lust, und am See angekommen entschließen wir uns für den Rundgang vorbei an den alten Moorgruben.

»Kennst du dich mit Scheitelträgern aus?«, frage ich Frank. Ich finde das Thema spannend und hoffe auf ein Statement. Eine Blume im Vorbeigehen pflückend, lässt sich Frank nicht lange bitten: »Die Fall- beziehungsweise Wuchsrichtung der Haare weist jeweils auf Folgendes hin: Fallen die Haare nach links, bedeutet dies eine Tendenz zur Weiblichkeit, zum Intuitiven und Emotionalen. In diesem Fall sitzt der Scheitel rechts. Fallen die Haare nach rechts, so ist dies ein Zeichen für Vernunft und das Rationale, in diesem Fall sitzt der Scheitel links.

Ohne Scheitel

Uwe hat seine vollen, fast schwarzen Haare nach hinten gekämmt. Die Geheim-ratsecken sind frei. Dies ist ein Zeichen starker Emotionen. Seine Haare sind wie er. Er strotzt vor Yang-Energie, hat Bärenkräfte und ist in allen Dingen sehr schnell. Seine Frisur passt zu ihm. Wer schnell im Denken, in seinen Reaktionen und in seinen Be-wegungen ist, trägt gern das Haar wie im Windkanal einfach glatt nach hinten ge-kämmt. Ein Scheitel erübrigt sich. Von Natur aus sind Uwes Haare weich, und er be-nötigt Spray und Gel, um sie überhaupt nach hinten zu halten. Würde er kein Spray benutzen, fiele seine Haarpracht verwegen nach vorn. Nach dem Joggen sei dies der Fall und, wie er behauptet, beim Liebesspiel auch...

Frank hingegen hat sehr kurze Haare, die Frisur ebenfalls windschnittig und ohne Scheitel. Er hat den Schnitt, den früher mein Bruder als *Mecki* trug und über den ich gern mit den Händen fuhr, weil es so schön kitzelte. Ganz so kurz geht es bei mir nicht zu. Am liebsten trage ich meine Haare wie Uwe, glatt nach hinten. Uns verbindet die Windschnittigkeit, der Elan und die Kraft von zehn Pferden. Da ich jedoch auch viel Weiblichkeit spüre, mag ich es auch, wenn ein paar Haare weich und schmeichelnd herunterfallen. Mein Scheitel ist fast immer links. Ich bin mir natürlich dessen bewusst, dass die linke Körperhälfte die emotionale, weibliche Seite verkörpert und die rechte die aktive, männliche nach unserem europäischen Verständnis. Im Feng Shui gibt es einen klaren Hinweis auf die Verteilung von Yin und Yang, was die Körperhälften angeht. Danach ist die linke Yang und die rechte Yin. Frank und Uwe finden das allerdings äußerst verwirrend. »Und was ist nun richtig?«, fragt Uwe.

»Wisst ihr«, sage ich, »die Chinesen sind sehr weise und geben uns eindeutig einen Hinweis auf die Überkreuzfunktion des Gehirns. Die rechte Hirnhälfte ist für das Emotionale zuständig und die linke für das Rationale. Die Chinesen haben die Seiten Yin und Yang demnach nach der Hirnfunktion unterteilt! Die linke Seite ist Yang, männlich gesteuert, die rechte ist Yin, weiblich gesteuert. Ihr kennt das Prinzip von den unterschiedlichen Gehirnhälften. Die rechte ist für die Emotionen zuständig und die linke für das Rationale.«

Wir sind am See angekommen. Er liegt ganz still, fast unberührt da. Keine Menschenseele ist zu sehen, der ganze See nur für uns. Wir setzen uns auf eine Bank und schauen entspannt auf die sich spiegelnde Fläche des Wassers.

»Wisst ihr, dass man mit dem rechten Auge ganz gut schauspielern kann, wenn man sich nicht gut fühlt? Es kann trotzdem noch lachen«, unterbreche ich die Stille. »So kann ein Blick des Gegenübers in das rechte Auge signalisieren: *Alles ist okay.* Das linke Auge kann man nicht verstellen. Es ist eine langjährige Beobachtung von mir. Ich schaue mir mit Wonne Zeitungen und Zeitschriften an, in denen die Bilder frontal zu sehen sind und die Augen mich geradewegs anschauen. Ihr müsst nur das übrige Gesicht und das Lächeln in eurer Vorstellung ausblenden und euch vollkommen auf jeweils ein Auge konzentrieren. Schaut eurem Gegenüber in das linke Auge, wenn ihr wissen wollt, wie es ihm tatsächlich geht. Im Übrigen sind Menschen mit stark unterschiedlichen Augen auch nicht in ihrem inneren Gleichgewicht von Yin und Yang. Wenn jetzt eine Frau ihren Scheitel auf der linken Seite trägt, dann legt sie den Schwerpunkt des Betrachters auf ihre linke

Gesichtshälfte. Ihr linkes Auge rückt in den Focus des Betrachters und auch ihr linkes Ohr und damit ihre Yang-Seite. Sie ist möglicherweise bereit, eine Beziehung einzugehen, bereit sich dem anderen Geschlecht zu- und hinzuwenden. Sie hat ein offenes Ohr für das Männliche. Wäre das nicht die Schlussfolgerung? Aus der Sicht von Wind und Wasser, Feng und Shui ist das eindeutig. Sprich doch mal mit deinen Kollegen und

Kolleginnen, Frank, welche Erfahrungen sie gemacht haben. Ich bin mir sicher, dass es ganz neue Ideen und Beobachtungen diesbezüglich gibt.

Scheitel links

Frank meint, »wer seinen Scheitel auf der linken Seite trägt, verdeckt mit den Haaren die rechte Gesichtshälfte, deckt damit möglicherweise das rechte Auge zu. Könnte dies eventuell ein Hinweis darauf sein, dass man ein Problem mit dem Weiblichen verdeckt?« »Oh, Frank, jetzt gehst du sicherlich zu weit. Aber wir sollten diesen Punkt prüfen und uns später noch einmal die Frage stellen, wenn wir auf diesen Punkt geachtet haben.«

Uwe bleibt nachdenklich und beugt sich weiter vor, um zu sehen, was da gerade aus dem Wasser gehüpft kommt. Es ist ein kleiner, glitschiger Frosch, der atemlos auf dem Grünstreifen vor dem Wasser sitzt. Er sieht aus, als ob er sich dort unwohl fühle. Uwe hebt ihn behutsam auf und trägt ihn zurück auf ein großes Wasserrosenblatt. »Ich meine«, sagt Frank, »dass, wenn durch den Scheitel auf der linken Seite das Haar die rechte Gesichtshälfte verdeckt, dies ein Problem sein kann, das sich im weiteren Sinne auf die Mutter, die Tochter oder sich selbst als Frau bezieht. Es fällt der Frau möglicherweise schwer, den weiblichen Aspekt in sich zu akzeptieren. Sie will ihn verdrängen und lebt mit ihm in einem inneren Spannungsverhältnis.« Irgendwie fühle ich mich angesprochen als Links-Scheitel-Trägerin. Allerdings verdecke ich mein rechtes Auge nicht. Nur weiß ich zu gut, dass da etwas dran ist. »Wir werden das bald genauer wissen«, entgegne ich. Bis dahin aber werden sich wohl noch viele Gemüter an diesem Punkt erhitzen, und ich bin mir sicher, dass ich auch einige Antworten aus China mitbringen werde, wenn ich an der Universität in Wuhan bin. Mal sehen, was mein Professor dazu sagt ...

Frank erzählt uns von einer Kundin, die um die 30 Jahre alt war. Sie hatte eine Frisur, wie man sie vor etwa 15 bis 20 Jahren trug. Das Haar war hochfrisiert, toupiert und mit Haarspray starr fixiert. Ihre Gesichtshaut war solariumgebräunt. Hätte sie sich vor eine braune Wand gestellt, so hätte niemand sie wahrgenommen. Frank sprach mit ihr zunächst über vollkommen belanglose Dinge und fragte sie dann anschließend, ob sie viel mit Männern zusammenarbeite und in ihrem Job sehr stark sein müsse. Erstaunt fragte sie Frank, woher er das wisse, und wurde dann sehr interessiert, als er erklärte, dass ihre Frisur ihm dies erzähle. Auf ihren Wunsch sagte er ihr dann noch mehr zu ihren Haaren und schon waren sie beim Thema, um das es eigentlich ging. Sie trug ihren Scheitel auf der linken Seite und der lange Pony verdeckte die rechte, somit weibliche Seite. Mit Haarspray und der dunklen Haut hatte sie einen regelrechten Panzer um sich herum aufgebaut. Niemand sollte sich ihr nähern. Im Verlauf des Friseurbesuchs erzählte sie Frank, dass ein Mann sie über einen langen Zeitraum sehr verletzt hatte.

Frank ermutigte sie, die Haut nicht mehr so dunkel zu bräunen, um wieder einen Kontrast zu ihren schönen dunklen Augen zu erhalten. Noch am gleichen Tag hellte er ihre Haare geringfügig auf und schnitt sie anschließend stufig. Natürlich wurde auch das Haarspray radikal reduziert. Ihre Augen fingen an zu leuchten. Frank hatte es durch seine Beratung geschafft. Er hatte ihr einen Spiegel vorgehalten und ihr Mut gemacht, aber ihr auch den Weg gezeigt, sich zu verändern und die Vergangenheit zu bewältigen. Nach fünf Wochen kam sie erneut in seinen Salon, um sich die Haare noch einmal verändern zu lassen. Ihre Ausstrahlung war wesentlich freundlicher, ihre Haut war schon etwas heller und auch die Haare nicht mehr so steif frisiert. Frank sagt: »Wir hatten ein tolles Gespräch und am Ende durfte ich mit Freuden auch noch ihren Pony abschneiden. Sie hatte es geschafft. Sie hatte angefangen, sich aktiv mit ihren Problemen auseinander zu setzen und sie nicht mehr zu verdrängen.«

»Übrigens, achtet mal darauf, wie sich eine Frau bewegt und gibt, die gerade ihre Haare hinter das linke Ohr streicht. Sie ist in diesem Moment bereit zu flirten. Legt sie dann auch noch den Kopf auf ihre rechte Schulter, ja dann können die Signale nicht

deutlicher sein. Ich selbst erinnere mich, sehr häufig das Spiel beobachtet zu haben. Als ich kürzlich mit Freunden bei mir im Garten am Feuer saß, konnte ich dies auch bei Ulla beobachten. Sie hatte ihre langen, blonden Haare hinter das linke Ohr geklemmt und ihre Haare wie unabsichtlich an Edwards Arm vorbeistreichen lassen. Im Übrigen trägt sie in der Regel ihren Scheitel auf der rechten Seite. Was sagt ihr dazu?«

Scheitel rechts

Frank meint: »Wer seinen Scheitel rechts trägt, legt das rechte Ohr und auch das rechte Auge frei und damit seine Yin-Seite, das Weibliche. Wenn jetzt die Haare die linke Gesichtshälfte verdecken, könnte das vielleicht auf eine Problematik mit dem Yang, dem Männlichen, hinweisen? Diese Menschen denken oft sehr emotional und handeln auch so.« Frank ist der Ansicht, dass dies auf eine Auseinandersetzung mit Hierarchien, Autoritäten, einen Mann oder Liebhaber im übertragenen Sinne hinweisen könnte. Eine Kundin machte dies Frank sehr deutlich. Sie hatte immer einen perfekten, sehr geradlinigen Haarschnitt und eine dunkle Haarfarbe. Auf seine Frage, warum sie den Scheitel auf der rechten Seite trage, antwortete sie sehr deutlich, dass sie ihren Scheitel deshalb dort trage, weil sie sehr weiblich auf ihr Umfeld wirken möchte. Sie war sich der Bedeutung ihres Scheitels sehr bewusst. Sie ist eine Frau, die sehr emotional denkt und dies auch beruflich in lyrischen Texten umsetzt.

»Interessant ist, dass die meisten Menschen den Scheitel auf der linken Seite tragen, der rationalen Seite. Was schließt ihr daraus?« Frank und Uwe gucken verdutzt. »Ihr werdet natürlich auch feststellen, dass ein Mensch, der Liebe und Herzlichkeit ausstrahlt, seinen Scheitel links oder aber auch rechts haben kann, allerdings werden die Stirnhaare niemals das linke Auge bedecken.« »Ja, meine Lieben«, sage ich und werfe einen Stein auf die ruhige Fläche des Sees. Er plumpst hinein und zieht seine Kreise. »Über das linke Auge können wir in die Seele des Menschen schauen. In welches Auge schaut ihr bei eurem Gegenüber im Allgemeinen? Doch meistens in das rechte. Es schaut in der Regel freundlicher. Als ich letztens in die Augen meiner engsten Freundin Anja sah, weinte sie mit dem linken Auge und das rechte Auge war geweitet und irgendwie erschrocken.« »Was war denn los?« Frank holt tief Luft und lässt seine Schultern, sich nach vorn beugend, fallen. »Ich habe das letztens auch bei meiner Freundin feststellen können. Sie hatte gedacht, dass ich eine andere liebe. Es war für sie wohl dramatischer, als ich angenommen hatte. Ihr linkes Auge war gerötet, so wie du das bei Anja gesehen hast. Dabei war da gar nichts. Wir sind tatsächlich nur Kollegen, aber verstehen uns eben ausgezeichnet. Das linke Auge meiner Freundin hatte mir in dem Zusammenhang schon verraten, was sie mir verbal noch gar nicht mitgeteilt hatte.«

Uwe war auch der Meinung, dass man auch leichte Rötungen am linken Auge als Zeichen dafür interpretieren könne, dass das Auge weine. »Außerdem, wenn ihr einen Menschen verunsichern wollt, so braucht ihr ihm nur ununterbrochen in das linke Auge zu schauen.« »Ja«, wiederhole ich, »das ist ja auch der direkte Weg in die Seele. Das rechte Auge ist das Rationale, das von der linken Gehirnhälfte, der Seite des Yang, gesteuert wird. Somit ist das rechte Auge emotional steuerbar und das linke Auge nicht. Manche Menschen haben zwei unterschiedlich hohe und auch verschieden geweitete Augen. Sie sind nicht im inneren Lot und handeln zu oft entgegen ihrem Gefühl. Manche von ihnen haben auch ein schlimmes Erlebnis hinter sich, weshalb das linke Auge größer und schreckensgeweitet aussehen kann. Die Fernsehmoderatorin SABINE CHRISTIANSEN hatte so unterschiedliche Augen, als ihr Mann sie wegen einer anderen verließ. Aber sie hielt durch. Sie ist eine Links-Scheitelträgerin und dies ist, wie erwähnt, ein Ausdruck des Rationalen. Und was sagte die Boulevard-Presse über sie im Scheidungskrieg? SABINE CHRISTIANSEN könne es einfach: die Gefühle bedeckt halten. Sie schaffe es, nicht auszuflippen, das sachlich Notwendige anzupeilen und zäh und professionell zu sein.

»Wisst ihr was? Lasst uns jetzt nach Langenseifen fahren und den Traumblick nach Westen in die untergehende Sonne genießen.« Uwe steht auf, streicht sich mit beiden Händen übers Haar und schaut mich mit seinen samtig braunen Rehaugen einen Moment zu lange an. Ich merke, wie mir ganz warm wird. Jetzt nur reden, viel reden, denke ich. Ich schaue ihn an und rede auf dem Weg zum Auto und während der ganzen Fahrt bis nach Langenseifen. Ist was mit mir los? Ich weiß es nicht. Ich rede, weil ich nicht darüber nachdenken will, was das für eine Wärme in mir ist. Dabei schaue ich ihm nicht in die Augen. Ich halte mich an Franks bewährten, freundschaftlichen Blick und sage: »Eine freie Stirn haben Menschen, die der Welt sprichwörtlich die Stirn zeigen, so wie MAJA VON HOLLENZOLLERN oder HEIDI HORTEN, die Inhaberin der gleichnamigen Kaufhauskette. Sie sind entschlossen, kämmen ihre Haare aus dem Gesicht und zeigen so ihren Willen, vorwärtszugehen. Sie haben meist keine Angst vor dem Leben und senken selbst dann nicht den Blick, wenn man ihnen direkt in die Augen schaut. Sie suchen den Kontakt zu Mitmenschen und lieben das Leben. Ihre freie

Stirn ist *Gegenwind-erprobt,* denn oft kämpfen sie gegen vorherrschende Ansichten. Das Stirn-Chakra, das so genannte dritte Auge, liegt frei, deshalb sind diese Menschen bereit, Informationen jeder Art zu empfangen, und nur selten neigen sie zu Depressionen. Leider fehlt es ihnen oft an Takt, was sie aber durch ihre Dynamik rechtfertigen.

Männer, die flirten wollen, streifen sich die Haare aus dem Gesicht und nach hinten. Ja, in der Tat, beobachtet mal eure Geschlechtsgenossen. Wenn Männer sagen wollen *wie bin ich schön*, dann streichen sie sich die Haare nach hinten. Das tun sie auch, wenn sie klar denken wollen.« Kaum habe ich das gesagt, fällt mir auf, dass Uwe sich erneut die Haare nach hinten streicht. Will er nur klar denken?

Wir sind angekommen. Ich bin irgendwie durcheinander. Keine zwanzig Meter weiter steht ein Fuchs auf dem Feldweg. Er sieht uns an. Was ist bloß mit seinem Fluchtimpuls los? Wir stehen uns Auge in Auge gegenüber. Plötzlich macht er eine Kehrtwendung und verschwindet so schnell, dass ich ihm nicht mehr mit meinem Blick folgen kann. Wir gehen den schmalen Feldweg entlang, der in der Abendsonne goldgelb leuchtet. Die Sonne versinkt am Horizont. Wir stehen und genießen. Ein leichter Luftzug weht mir die Haare in die Stirn. »Was hat eigentlich ein Pony zu bedeuten, Frank?«, frage ich ganz unvermittelt.

»Eine Frisur mit vollem Pony bietet Schutz, mitunter auch die Möglichkeit, sich dahinter zu *verstecken.* Oft sind diese Menschen introvertiert oder möchten etwas unbewusst zurückhalten. Meiner Beobachtung nach haben Frauen mit Pony oft ein negatives Bild von sich selbst. Sie verdecken ihre Sensoren der Wahrnehmung hinter ihrem Pony. Manche Ponyträgerin scheint sich auch ihrer intuitiven Kraft nicht bewusst. Seht, im Leben hat jede Medaille zwei Seiten. So ist die andere Seite, dass sich Ponyträgerinnen möglicherweise nicht gern in die Karten schauen lassen, wie etwa Joan Collins und vielleicht auch die Politikerin Angela Merkel?«

Ponyträgerinnen brauchen Schutz und Geborgenheit

»Die Energie, die uns umgibt, fließt über die Stirn und den Kopf den Rücken nach unten«, resümiert Frank. »Mit der morgendlichen und abendlichen Frisierrichtung der Haare kann man diesen Fluss fördern oder behindern.« »Frisuren mit schwerem, ins Gesicht frisiertem Pony sind unvorteilhaft für den Energiefluss. Dahingegen wirken Frauen mit hoher Stirn, die frei frisiert ist, kräftiger und voller Bewegung auf ihr Umfeld.«

Frank holt tief Luft und atmet den Sonnenuntergang ein. Gleich ist sie weg, denke ich. Welch ein erfüllter Tag. Frank streckt seine Arme nach oben und formt mit beiden Händen die Sonne nach. Durch die hohle Öffnung zwischen Daumen und Zeigefinger peilend sagt er: »Holt euch mal eine schöne Frau vor Augen. Und, hat sie einen Pony? Sie hat keinen, nicht wahr? Erstaunlicherweise haben – kosmetisch gesehen – schöne Frauen keinen Pony. Was sagt ihr dazu?«

Ich staune und freue mich, denn ich habe Gott Lob auch keinen Pony. »Wenn aber irgendwann der seitliche Haaransatz immer weiter nach hinten flieht und immer dünner wird, dann kämmen viele die Haare in die Stirn. Sie werden sozusagen als Ausgleich in diese Richtung gekämmt. Sehen wir doch nur die Fernsehmoderatorinnen SABINE CHRISTIANSEN und PETRA SCHÜRMANN an, die Fehlendes mit einem Pony kompensieren. Das entspricht natürlich auch dem Yin-Yang-Prinzip. Sind alle Haare nach hinten gekämmt, lässt sich die Strenge durch ein paar Haare in die Stirn frisiert auflösen, also ins Gleichgewicht bringen.«

Franks Mail

Liebe Olivia, ich sende dir nachfolgend noch weitere Gedanken zum Thema Haare für unser Buch. Es ist mir wichtig, diese Themen mit in unser Buch hinein zu nehmen. Im Übrigen grüße Uwe herzlich von mir. Er ist ein feiner Kerl!

Grüße Frank

Bedeckte Wangen

Meistens sind Menschen, die ihre Wangen mit ihren Haaren bedecken, ängstlich und neigen zum Erröten. Die bedeckten Wangen geben ihnen Schutz und das Gefühl, ihre Ängstlichkeit unter den Haaren verstecken zu können. In Asien haben dazu besonders viele Frauen ein stark ausgeprägtes Bedürfnis. Reichen die Haare dazu nicht aus, werden die Hände mitbenutzt.

Die Struktur der Haare

Die Haarstruktur sagt viel aus über die Person und deren Vitalität. Ist der Mensch gesund und vital, so ist es auch das Haar. Fehlt es dem Haar an Glanz und Sprungkraft, so kann man die gleichen Anzeichen auch an der Haut und der Körperhaltung erkennen.

Haare spiegeln das Energieniveau des Körpers

Hilfsbereite und mitfühlende Menschen haben oft feine Haare. Ihre Sensibilität und Feinfühligkeit finden sich in ihren feinen Haaren wieder.

Als ich das lese, denke ich an Bernadett aus der Schweiz. Sie hatte solche Haare. Ständig beklagte sie sich darüber. Dabei lag der Fall doch einfach: sie war eine fein-fühlende Seele und die Haare spiegelten dies wieder. Sie aß zudem gern ein Stück Kuchen, was erschwerend zum *Haarproblem* hinzu kam. Frank hatte mir einmal von einer Kundin erzählt, die einen regelrechten inneren Kampf mit sich ausgefochten hatte. Einerseits wollte sie mehr Volumen, Kraft und Halt im Haar haben, andererseits versuchte sie dies aber im Übermaß und legte sich dadurch eine Art Panzer zu.

Der Wunsch nach Kontrolle kann sich in einer stark gefestigten Frisur äußern

»Ist dies eine gelungene Balance zum Wesen oder nur ein verzweifelter Versuch, das Wesen hinter dem Panzer zu verstecken?«, hatte mich Frank seinerzeit gefragt. Ich habe daraufhin beobachtet. Ich glaube seither, dass stark gefestigte Haare, die zur Unbeweglichkeit neigen, von Frauen getragen werden, die Halt suchen. Heute lese ich in seiner Mail:

Dicke Haare sind ein Zeichen für große Lebensenergie. Das kräftige Haar steht für die Balance, für eine starke Ausstrahlung. Diese Menschen stehen gerne im Mittelpunkt mit ihrer Lust zur Selbstdarstellung. Oft sind sie Führungskräfte. Der Körperbau ist von kräftiger Statur. Ist diese Energie nicht zu bändigen, äußert sich dies in störrischem, schwer zu kontrollierendem Haar.

Frank trifft in seiner Arbeit im Salon gelegentlich auf Kundinnen mit schwer zu bändigendem Haar. Diese Frauen wissen in der Regel alles besser als ihr Friseur und zeigen alle möglichen Probleme auf. Meist sind diese Probleme jedoch nicht zu lösen, zumindest nicht im Friseursalon. Nach Franks Erfahrung können sie ihre eigene Energie nicht bändigen. Dies geben sie gern an ihren Friseur weiter. Nur nicht ver-zweifeln! Vielleicht nähern sich Friseur und Kunde durch das Gespräch und der Eisblock taut!

Glatte Haare schaffen Distanz und lassen das Gesicht klar wirken. Frauen mit glatten Haaren wirken kühl und kontrolliert auf ihr Umfeld.

Ich lege die ausgedruckte Mail beiseite und denke an Ulrike. Sie wohnt in Hamburg und gehört ohnehin für mich schon zu den kühleren Naturen. Ihre äußerst glatten Haare glänzen wie ihre Augen und ihre äußerlich zurückhaltende Art taut nur gelegentlich unter Freunden auf. Auch Elke ist so eine Frau. Sie kommt ebenfalls aus Hamburg und arbeitet für einen großen Konzern in der Werbebranche. Sie wirkt immer ein wenig reserviert und kontrolliert. Die glatten, kurz geschnittenen Haare unterstützen das.

Wellige Haare wirken nahbar, verspielt und zärtlich

Romantische und mädchenhaft wirkende Frauen tragen Locken oder welliges Haar. Locken umspielen das Gesicht und lenken den Blick auf sie hin und von anderen Details ab.

Eine von Franks Kolleginnen hat sehr naturlockige Haare und wirkt als Frau sehr reizvoll und anziehend auf Männer. Aber genau das stört sie oder empfindet sie als lästig. Deshalb tönt sie ihre Haare dunkel und trägt einen sehr geradlinigen Haarschnitt. Beides schafft Distanz. In einem Gespräch hat sie Frank erzählt, dass sie aufgrund ihrer Arbeit Anerkennung bekommen möchte. Die bloße Hinlenkung auf ihre weiblichen Reize auf diesem Weg gefiel ihr keineswegs. Frank ist sich sicher, dass es einen Mittelweg gäbe, indem man die dunkle Farbe reduzieren und den Haarschnitt weniger streng gestalten würde. Wichtig ist in jedem Fall: Kennt man die Wirkung seiner Haare auf andere, so kann man bewusst damit spielen.

Der Mensch durchläuft im Leben verschiedene Entwicklungszyklen in einem Abstand von sieben Jahren. Jeder Abschnitt hat seine ganz eigene Bedeutung. Sieben Zyklen gibt es, dann beginnt man wieder von vorn, aber auf einem höheren Level. Also können sich auch die eigenen Körperfarben alle sieben Jahre verändern. Dies wird auch ein Grund sein, warum etwa alle sieben Jahre bei jedem Menschen der Wunsch nach äußerer Veränderung besonders stark ist.

Auf der körperlichen Seite gibt es ebenfalls den Sieben-Jahre-Rhythmus. Alle sieben Jahre erneuert sich die Haut. Auch die einzelnen Haare werden nicht älter als sieben Jahre.

Farbe ist für Menschen ungemein wichtig. Kinder bis zum dritten Lebensjahr haben die Fähigkeit, Farben zu fühlen. Sie können nicht sagen, was blau, rot usw. ist, aber sie spüren die Ausstrahlung der Farben, ob sie kühl, warm, aggressiv oder freundlich sind. Durch die Erziehung geht dies dann verloren. Nur ganz wenige Erwachsene haben noch diese Fähigkeit, die Wirkung der Farben zu spüren. Jeder Mensch hat seine eigenen Körperfarben, die nur er selber erkennt. Gelingt es ihm, diese auch in den Farben, die er trägt, zu zeigen, dann strahlt er. Blinde Menschen spüren die Wirkung von Farben als körperlich warm oder kalt. Begibt man sich in einen Raum, der ganz in Blau gestrichen ist, so senkt sich die Körpertemperatur. Geht man dann in einen roten Raum, so steigt die Temperatur des Körpers wieder an.

Haare sind der Rahmen zum Gesicht. Je dunkler der Rahmen, desto größer ist der Kontrast zum Bild.

Künstler können so manches Bild mit einem besonderen Rahmen retten. Zunächst fragen wir uns jedoch, was die Natur uns mitgegeben hat, bevor wir über ‚rettende Rahmen' nachdenken.

Ich greife zum Hörer und rufe Frank an. Ich muss mit ihm unbedingt über das Thema Haarfarben reden. Beim ersten Versuch ist er nicht da. Nachdem ich dann geduscht und es mir in meinem großen Bademantel auf dem Sofa bequem gemacht habe, erreiche ich ihn aber.

Ich bitte ihn, mir mehr über Farben zu erzählen, und er beginnt ohne zu zögern: »Von Natur aus hat jeder Mensch seine optimale Farbe bekommen, die zu seiner Haut und zu seinen Augen passt, ja grundsätzlich ideal ist. Der Wunsch nach Veränderung und Selbstverwirklichung oder die Suche nach einem anderen Ich lassen uns aber auch immer wieder auf der Suche nach einem anderen Äußeren sein. So probieren wir verschiedene Farbwirkungen aus und die Gefühle, die mit ihnen verbunden sind.«

Ich erzähle Frank von meinen eigenen Versuchen anders auszusehen. Vor einigen Jahren färbte ich mir die Haare rot. Ich hatte eine Aussage meines Friseurs in

Erinnerung, dass meine Haare ohnehin einen Rotanteil besäßen und dachte, was in mir ist, wird so nur noch stärker herausgebracht, muss also zwangsläufig harmonisch sein. Die Wirkung war verblüffend. Ich ähnelte meiner Mutter! Im Gegensatz zu meinen sonst hellen, mittelblonden Haaren war die jetzige Wirkung für mich fatal. Der Rahmen war zu dunkel und ich wirkte unnahbarer. Irgendwie spürte ich, dass ich es nicht mehr war. Ein Teil von mir lag unter dem Rot verborgen! Ich bin von Natur aus nahbar und kontaktfreudig. Das Rot bildete einen zu starken Kontrast zu meiner hellen Haut. Plötzlich war ich nun durch den Rotton eine andere, nicht mehr im Einklang mit meinem eigentlichen Wesen. Der Rotton schaffte Distanz. Ich verehre meine Mutter, die ebenfalls rote Haare hat. In der Kindheit war ich einige Jahre von ihr getrennt, was für mich sehr schmerzhaft war. Für mich ist klar, dass der Wunsch nach roten Haaren bei mir zeitweise parallel lief mit dem Versuch, *eine Wellenlänge* zu ihr aufzubauen. Meine Schwester färbt sich auch ab und an die Haare rot, wo sie doch von Natur aus eher dunkelblond ist. Die rote Farbe steht ihr nicht. Sie wirkt dann wesentlich älter. Vielleicht ist dies aber von ihr so gewollt. Denn ich bin die große Schwester und lag schon immer einen riesigen Schritt weiter vorn. Jetzt hat sie einen gehobenen Posten bei der Stadt. Sie muss sich dort durchsetzen und zum Teil auch unnahbar erscheinen. Als sie eine neue Beziehung hatte, waren ihre Haare gelockt (also verlockend). Jetzt trägt sie ihre Haare glatt. Der Grund: Sie ist gerade befördert worden!

Im Spiegel von Franks Beobachtungen wird jetzt vieles klarer und ich weiß, ich muss ich bleiben. Die Wellenlänge zu meiner Mutter kann ich auch ganz anders aufbauen ...

Rote Haare

Ich sage zu Frank: »Weißt du, dass es verschiedene Elemente gibt, denen deine Kundinnen aufgrund ihres Geburtsjahres angehören? Vielleicht hast du ja schon einmal eine Frau erlebt, die im Feuer-Jahr geboren ist und jetzt dieses Feuer aus sich herauskommen lassen wollte. Dann hat sie nach der Farbe Rot und einem zackigen Schnitt verlangt, oder?« Frank hat bisher noch nicht die Geburtsdaten seiner Kundinnen und meine Aussage auf einen Zusammenhang hin untersucht. Aber er ist willig, es zu prüfen.

So fahre ich fort: »Menschen mit naturroten Haaren haben etwas Magisches, denn nur drei Prozent der Menschen haben eine solche Haarfarbe. Wer sie nicht hat, kann sie sich ja färben lassen. Rot ist und bleibt nicht nur an der Ampel eine Signalfarbe, insbesondere dann, wenn es sich um einen hellroten Haarton handelt. Rot hat etwas Verwegenes und Gewagtes. Im Mittelalter wurden rothaarige Frauen als Hexen verschrien. Seitdem halten sich hartnäckig solche Assoziationen, wenn auch eher mit einem Schmunzeln begleitet.« Frank ergänzt: »Rot war zu allen Zeiten die Farbe der Verwegenen.«

Ich sehe die Farbe Rot ganz einfach mit den Augen von Yin und Yang. »Rot ist ganz klassisch eine Yang-Farbe. Somit symbolisiert auch ihr Träger Yang. Denn Rot ist Feuer, ist hoch energetisch wie energisch. Wer in den Jahren 1936, 1937, 1946, 1947, 1956, 1957, 1966, 1967, 1976, 1977, 1986, 1987, 1996, 1997 geboren ist, wird ein größeres Bedürfnis haben, sich die Haare rot zu färben. Warum ist klar. Diese Menschen sind in einem Jahr des Feuers geboren. Ihr inneres Bedürfnis nach Rot kann durch die Haarfarbe gedeckt werden.«

Franks Beratung

Es gibt für Frank grundsätzlich zwei verschiedene Wege der Farbberatung. Stets stellt er sich zunächst die Frage: Wie will die Person auf das Umfeld wirken? Harmonisch und zurückhaltend oder auffällig und aufreizend?

Unsere Haut ist entweder gelblich-rötlich pigmentiert – Yang, oder bläulich-asch – Yin. Entweder gehört man zu den Yangigen oder Yinnigen. Kalter oder warmer Hautunterton ist hier die Frage.

Harmonie zwischen Haut und Haarfarbe

Erkennt Frank eine warme, also eine rötlich-gelbe Pigmentierung und er will mit der Haarfarbe Harmonie erzeugen, dann empfiehlt er eine Farbe mit einem warmen Pigment, der Farbe der Haut also angepasst. Wie hell oder auch dunkel der gewünschte Farbton wird, entscheidet sich auch nach der jeweiligen Farbtiefe der Haut und der Augen. Ich verstehe Frank nicht sofort und frage noch einmal nach, wie er das meint. »Stell dir vor, du richtest dich ein, dann legst du ja auch Wert darauf, goldgelbe Töne mit Messing und Wollweiß zu ergänzen. Das wäre die warme Variante oder Yang, wie du das nennst. Wenn nun der Farbton der Haut meiner Kundin zum warmen Farbbereich gehört und ich auch im warmen Farbtonbereich bei der Haarfarbe bleibe, dann ist das Gesamtbild harmonisch und die Kundin wird sich wohl fühlen. Anders gesagt: Das Gesicht ist das Haus, das jetzt durch die neue Farbgebung der Haare eine besondere Wirkung erhält.« Das leuchtet mir ein, beschäftige ich mich doch fasst ausschließlich mit Häusern und ihren Wirkungen.

Kontrast innerhalb der Harmonie

Der zweite Weg ist, etwas Spannung in der Harmonie zu schaffen. Ein leichter Kontrast zwischen Haaren und Haut ist von Vorteil. Will Franks Kundin auffallen, wählt er einen deutlichen Kontrast. Zur gelblich pigmentierten Haut, Yang, nimmt er dann eine kühl-aschige Farbe, Yin. Verstärken oder Abschwächen kann man diese Wirkung durch den Helligkeitsunterschied von Haut und Haarfarbe.

Wie genau ich mit meinen Haaren auf meine Mitmenschen wirke, entscheide ich selbst. Was der Mensch ausstrahlt, zieht er auch an. Will ich täuschen oder mich authentisch präsentieren? Täusche ich, muss ich damit rechnen, enttäuscht zu werden, da ich etwas anderes anziehe, als das, was ich ausstrahle und selbst bin. Nehmen wir als Beispiel eine Frau mit braunen Haaren, die sich eine Frisur wünscht, wie sie sie bei der Schauspielerin MEG RYAN gesehen hat. Der Friseur färbt ihr die Haare blond und sie erhält den dazu passenden Haarschnitt. Sobald sie den Salon verlässt, wird sie im ersten Eindruck durch ihre Frisur auf ihr Umfeld wirken und Männer anziehen, die auf diesen Typ Frau stehen mit blonden, fransigen Haaren, eben lieblich und nett. Entspricht dies aber ihrem tatsächlichen Wesen? Wenn nicht, ist Enttäuschung vorprogrammiert.

Wir ziehen an, was wir selber ausstrahlen.

»Finde zuerst deine eigene Farbe heraus, dann werden Kontakte zu den Menschen, die du anziehen möchtest, leichter sein«, sagt Frank. Ich will und freue mich schon darauf, von einem Profi den richtigen Tipp zu bekommen.

»Das Ergebnis der Farbberatung muss sein, dass die Kundin das Empfohlene auch wirklich will«, ist Franks Credo. »Sonst wird die negative Strahlung ihrer inneren Ablehnung das Ergebnis beeinflussen. Es ist wichtig, dass die Kundin mit dem Friseur zusammenarbeitet. Der Profifriseur weiß, was technisch möglich ist. Die Kundin kann bei der Auswahl der Farbe behilflich sein, indem sie offen und ehrlich über ihre Empfindungen spricht, wenn sie die empfohlene Farbe sieht.«

Was Frank erzählt, begeistert mich gleich und erzeugt den Wunsch, bei mir selbst die Farbe auszuprobieren. »Weißt du, dass noch niemals ein Friseur nach meinen Farbempfindungen gefragt hat, Frank?« Ich bin ganz verzückt bei diesem Gedanken. Auf diese Weise sich verstanden zu fühlen ist für die Kundin sicher genauso erhebend wie für den Friseur die Tatsache, dass sich das Zwischenmenschliche sicher auch in barer Münze ausdrückt. »Wenn ich eine Farbe nicht wirklich mag, wird sich der Friseur auch verunsichert fühlen, weil er die innerliche Barriere in mir spürt, nicht wahr?« Frank stimmt mir zu. Wir sollten die Kraft des Unterbewusstseins nicht unterschätzen.

Die Bindung zwischen Friseur und Kundin basiert auf Vertrauen. Das Erkennen der genauen Bedürfnisse und Signale entscheidet über die Qualität dieser Bindung. Frank verdeutlicht mir das am Beispiel einer Kundin, der er die Haare blondiert hatte, die er dann anschließend aschig colorieren wollte. An der Reaktion einer seiner Mitarbeiterinnen sah er, dass sich die Farbe nicht so entwickelte, wie er es erwartet hatte. Der Ansatz war zu gelb geblieben. Sie war verunsichert und übertrug dies auf die Kundin. Die negative Energie war regelrecht messbar. Frank ist dann auf die Kundin zugegangen und hat sie sehr freundlich aufgefordert, ihm zu helfen und ihn zu unterstützen, dass die Haarfarbe gelinge. Er erklärte ihr die Problematik und den möglichen Weg der Lösung, was das Farbtechnische betraf. »Wie hat sie darauf reagiert?«, wollte ich von Frank wissen. »Sie hatte verstanden, dass es für mich ungemein wichtig war, dass sie nicht am Ergebnis zweifelte, sondern mithalf, dass es gelänge. Sie hat uns tatsächlich geholfen und eine wunderschöne Haarfarbe erhalten. Sie sagte sogar, dass es das bisher schönste Ergebnis in ihrer langen Karriere als Model gewesen sei. Siehst du, es ist in der Tat wichtig, die Kundin psychologisch einzubeziehen, damit ihr Unterbewusstsein eine positive Grundstimmung bekommt. Mit dieser Vorausset-zung können wahre Wunder geschehen.«

Diese Beispiele gibt es jeden Tag in jedem Friseursalon. Kundinnen, die beim Färben oder Dauerwellen am Ergebnis zweifeln, innerlich sogar nein sagen, können durch diese negative Haltung wesentlich die Schönheit der Farbe bzw. der Dauerwelle beeinflussen.

Jeder Friseur sollte von seinem Tun und dessen Ergebnis überzeugt sein und davon, dass die Kundin den Salon glücklich verlassen wird.

Frank ist der Meinung, dass bei einer Kundin, die irgendwann einmal eine Dauerwelle bekommen hat, die zu kraus geworden ist, dieses Erlebnis in ihrem Unterbewusstsein abgespeichert ist. Später, bei jeder neuen Dauerwelle, wird ihr Unterbewusstsein gegen die Veränderung ankämpfen und somit das Ergebnis beeinflussen können. Die neue Dauerwelle kann unter diesen Umständen zu schwach werden. Eine ausgewogene Beratung kann dieses Problem ansprechen und einen Weg der Lösung aufzeichnen.

»Danke, Frank. Wir müssen uns noch einmal sehen, damit ich die Farbkarten sichten kann. Wann hast du Zeit?« Er wühlt in seinem Terminkalender und wir verabreden uns für bald.

Als ich Frank wiedersehe, ist sein Haar mächtig kurz, und er strahlt mich aus einem braun gebrannten Gesicht an. Es ist ihm offensichtlich gut gegangen in der Zwischenzeit.

»Oft kommen Kundinnen mit dem Foto eines Models in meinen Salon«, sagt Frank, »und wünschen sich so auszusehen wie diese oder jene Frau, vielleicht sogar so zu sein. Das Gesicht ist aber nie dasselbe und damit ist die Ausgangsbasis eine völlig andere. Eine Frisur kann unser Aussehen wesentlich verändern, in jedem Fall enthüllt sie ein Stück weit etwas von unserer inneren Persönlichkeit. Man kann nicht auf ein Vorbild bauen und dabei seine eigene Persönlichkeit reduzieren. Man selbst zu sein und sich auch so zu präsentieren erfordert Mut zum eigenen Ich. Zu sich zu stehen ist wichtig, um Charakter zu bilden. Es ist unmöglich, sich selbst zu finden, wenn man andere nachahmt. Jeder sollte geduldig suchen und offen sein für Gedanken oder Ratschläge dritter. Ein Friseur hilft bei dieser Suche und wird mit Rat zur Seite stehen.«

Holger war ein Fan der italienischen Schauspielerin SOPHIA LOREN. Als er seine erste Freundin kennen lernte, da musste sie natürlich – was denn sonst – lange, schwarze Haare haben. Sehr bald wusste sie von seiner Vorliebe, und was tat sie? Sie schaute sich Filme mit SOPHIA LOREN an und ahmte sie in allem, auch im Frisurstil nach. Nur übersah Heike, dass sie ein sportlicher Typ war und absolut nicht mit den weiblichen Rundungen und auch nicht dem Temperament von SOPHIA LOREN mithalten konnte. Holger gefiel nicht, dass sie so gar nicht sie selbst war. Er bemängelte ihr geringes Selbstwertgefühl und heulte sich diesbezüglich bei mir aus. Ein mädchenhafter Typ wie Heike war süß anzuschauen und in sich liebenswert. Sie hätte nur sie selbst zu sein brauchen, um Holger auf Dauer zu faszinieren ...

»Ich kenne diese Fälle«, stimmt Frank mir zu. »Vielleicht ist da aber auch noch etwas anderes. Ihre Ausstrahlung, aber auch die Ausstrahlung des eigenen Haares ist für die Kundin besonders schwer zu erfassen, da sie sich nie so sieht, wie dies ihre Mitmenschen tun. Die Kundin sieht sich immer nur im Spiegel und der verdreht die Realität, nämlich indem er sie spiegelt. Oft höre ich von Kundinnen: *Auf dem Foto sehen meine Haare so toll aus.* Auf dem Foto sieht sie sich ja auch nicht gespiegelt. Nur unseren Mitmenschen offenbart sich die Ausstrahlung unseres Haares als Ganzes. Deshalb hat der Friseur hier eine besonders große Verantwortung. Er sieht die Kundin mit ihrer Ausstrahlung in ihrer Ganzheit, deshalb sollte er auch den direkten Augenkontakt suchen. Ein Spiegel wird nur für die Kundin benötigt, um ihr die Sicherheit zu geben, ihr Umfeld beobachten zu können. Optimal wäre eine Beratung ohne Spiegel mit Hilfe eines Monitors, auf dem das Bild der Kundin unverspiegelt für den Friseur und sie selbst zu sehen ist. Dies ist für die moderne Technik kein Problem.«

Dann zeigt Frank mir zwei Bilder, einfach nur spiegelverkehrt. Die gleiche Frau oder die Zwillingsschwester oder nur das Spiegelbild? »Wirkt die linke Frau genauso auf dich wie die rechte?«, fragt er mich. Das linke und das rechte Auge stehen plötzlich einzig und allein durch die Spiegelung einmal mehr und einmal weniger im Vordergrund. Ist die Betonung auf dem linken Auge, so wirkt die Frau emotionaler, bei Betonung auf dem rechten Auge erscheint sie kühler und distanzierter.

»Die Unterschiede sind nur gering, aber sie sind sichtbar und sicherlich unterschiedlich für jeden einzelnen Betrachter. Bild' dir dein eigenes Urteil, Olivia, wie wichtig oder unwichtig für dich die Wandlung im Spiegel ist.«

Ein Außenstehender, der uns im Ganzen sieht, verfügt über mehr Information über unser äußeres Erscheinungsbild als wir selbst. Dem Friseur kommt die Aufgabe zu, die Persönlichkeit der Kundin freizusetzen.

»Dunkel gefärbte Haare sind am ausdrucksstärksten, können aber auch ein Zeichen der Abgrenzung sein. Dies ist oft bei Jugendlichen zu beobachten, quasi als

Abgrenzung vom Elternhaus. Sie wollen unbewusst härter wirken und Distanz schaffen.« Ich überlege, ob Frank wirklich Recht haben könnte. Meine Oma hatte ihr ursprünglich schwarzes Haar nach dem Tod meines Opas pechschwarz gefärbt. Sie wirkte damit auf mich sehr unnahbar, obwohl sie häufig lachte und sang. Aber ihre Psyche sprach wohl eine andere Sprache. Sicherlich trauerte sie noch um ihren Mann und fühlte sich mehr oder weniger allein gelassen.

Ältere Menschen sind sehr heimatverbunden und verweilen gern in ihren Erinnerungen. Oft bevorzugen sie dunkle Farben, die die Sprache der Abgrenzung sprechen. Nachteil ist, dass die dunkle Farbe Schatten auf das Gesicht fallen lässt und Falten mehr hervortreten. Das Gesicht wirkt älter und matter, wenn der Kontrast schwarz-weiß zu intensiv auftritt.

Pomadenlook-Frisuren

Frauen mit Haaren im Pomadenlook gelten als freundlich, wenn es auch nicht leicht ist, mit ihnen wirklich warm zu werden. Sie sind oft im privaten Bereich schwierig, aber beruflich erfolgreich. Frauen wie Männer mit gepflegtem Schnitt und pomadigen Haaren halten viel von ihrer äußeren Erscheinung. Ihr Manko: Im Liebesleben gehen die Dinge oft nicht wunschgemäß. Abhilfe ließe sich allerdings mit einem guten Feng Shui in ihren Räumen schaffen, insbesondere mit der richtigen Gestaltung ihres Schlafzimmers. Dazu braucht man nur ihre Ming Kwa zu kennen. Das ist eine Zahl, die uns die besten vier Schlafrichtungen angibt. Liegt man in einem Raum einer dieser Himmelsrichtungen, hat man zunächst einen guten Schlaf. Liegt man auch mit dem Kopfende in eine der günstigen Richtungen, dann bekommt man eine besondere Unterstützung bei allem, was man tut. Wer darüber hinaus einen kleinen Kraftplatz oder Altar im Südwesten aufbaut, der wird auch sein partnerschaftliches Glück festigen. Dazu braucht man ein kleines, rundes oder halbrundes Tischchen oder Wandbrett, zwei Kerzen, ein kleines rotes oder gelbes Lämpchen und Halbedelsteine wie Rosenquarz und Blüten. Ich benutze für den Altar gern rot blühende Blumen, wie zum Beispiel Rosen. Denn sie symbolisieren das Feuer der Beziehung. Wer schon länger eine feste Beziehung hat, kann ein Bild aus glücklichen Tagen dazustellen. Dieser Platz muss regelmäßig gepflegt und erfrischt werden. Denn schales Vasenwasser ist ungünstig für einen der Partner und wird mit Krankheit assoziiert. Ein abgebrochenes Rosenquarzherz assoziiert beispielsweise ein gebrochenes, physisches Herz. »Hast du denn schon in deinem Schlafzimmer einen Altarplatz, Frank?« Hat er nicht und wir beschließen, in diesem Punkt schnell Abhilfe zu schaffen. Denn warum soll Frank nicht mein Knowhow nutzen und Kraft für eine gute Liebesbeziehung in sein Schlafzimmer integrieren?

»Tina«, berichtet mir Frank, »ist eine typische Vertreterin des Pomadenlooks, stets pomadig und freundlich. Nur scheint Fortuna im Liebesleben weniger auf ihrer Seite. Ich sah sie letztens auf einer Party unseres besten Freundes mit ihrer neuesten Anschaffung, einem Pudel. Ihre alte Liebe hatte sie gerade verlassen, und sie tröstete sich ganz offensichtlich mit Streicheleinheiten darüber hinweg, die sie dem auf ihrem Schoß liegenden Pudel gab. Sie hatte ihn trimmen lassen, und da es eine Sie war, bekam sie auch ein Schleifchen. Oh, Tina, denke ich. Ich muss unbedingt wieder einmal eine Party mit recht vielen Singles machen. Vielleicht triffst du da ja mal einen, der dich dann wieder streichelt ...«

Schulterlange Frisuren

»Wer seine Haare schulterlang trägt und sie täglich in die richtige Außen- oder Innenrolle dreht, scheint nicht nur auf gutes Aussehen Wert zu legen, sondern auch auf Eleganz. Diese Frauen sind in Geschäften anzutreffen, die nicht gerade billig sind und sie pflegen insbesondere gern ihre Fingernägel. Wen wundert es da, dass sie oft gut beraten mit einer Haushälterin sind. Natürlich können auch sie putzen, aber ob sie dies wohl auch wollen? Sieh mal die Baywatch-Stars Traci Bingham und Donna D' Errico. Beide haben nach innen gerollte, lange, offene Haare und ich bin mir sicher, dass sie Hilfe im Haushalt haben.«

Der Nacken

»Erinnerst du dich noch an die attraktive Mittelblonde, die wir gesehen haben, als wir mit Marc und René tanzen waren? Sie nahm mit beiden Händen ihre schulterlangen Haare im Nacken hoch und bewegte sich in den Hüften drehend auf Marc zu. War das nicht das perfekte Bild einer Frau, die etwas will von einem Mann? Später habe ich gesehen, wie sie auch ihren Kopf hin und her wiegte, immer wieder die Haare im Nacken hoch nehmend. Das war zweifelsohne ein sexueller Vorgeschmack. Im Bett wird sie sich ähnlich verhalten, und sie wird bemüht sein, ihrem Auserwählten den Nacken darzubieten, um von ihm geküsst zu werden. Welcher Mann auch immer, wenn er diese Signale wahrnimmt, sollte er beim Vorspiel darauf achten, ihr den Nacken zu küssen bis in den Schulterblattansatz und von dort seitlich am Hals zur Brust und in andere Regionen ...«

Marc hat sie jedenfalls nach Hause gefahren und ich hätte gar zu gern Mäuschen gespielt, ob er ihre Wünsche erfüllt hat. »Abgesehen von Marc und der Schönen werden auch beim erotisch getanzten Flamenco die Haare im Nacken teilweise frei gelegt. Hast du das schon mal beobachtet, Frank?«

»Man kann sagen, dass im Nacken, symbolisch gesehen, unsere geheimsten Wünsche und Gedanken verborgen sind. Ein freier Nacken verdeutlicht, dass wir uns in gewissem Sinne unserer Umwelt gegenüber präsentieren, denn hier sind wir sehr verletzlich. Der Nacken ist der Bereich des Vertrauens. Hier können wir nicht sehen und müssen uns auf unsere Intuition und Kraft verlassen. Ängstliche oder unsichere Menschen lassen die Haare daher im Nacken länger wachsen. Sehr selbstsichere Menschen tragen sie gerne kurz«, erklärt Frank.

Ich fühle meine Haare, wie sie knapp meinen Nacken bedecken. Recht hat er, denke ich und stelle fest: »Ich würde mir hier ungern die Haare noch kürzer schneiden lassen. Früher habe ich mir die Haare zu einem Dutt hoch gesteckt und genoss es, einen freien Nacken zu haben. Die Vorstellung, dass ich dort geküsst werden könnte, war prickelnd. Heute ist mir die Vorstellung, dass ich mit einem frei gelegten Nacken vielleicht mit dem Rücken zur Tür oder zum Fenster sitze, sehr unangenehm. Aus Sicht von Feng Shui ist diese Aversion aber auch klar, da wir ja am Hinterkopf keine Augen haben. Man sucht sich deshalb ganz bewusst oder unterbewusst einen Rückenschutz. Dies nennt man Schildkrötenposition, da so Rücken und Nacken wie von einem Panzer geschützt sind. Aber eine Wand tut es auch, es muss nicht eine Schildkröte sein«, scherze ich augenzwinkernd und lache.

Signalwirkung der Haare verstehen

»Wenn der Friseur in der Lage ist, die Signale der Haare und des Körpers zu lesen, so kann er der Kundin auch helfen, sich dessen bewusst zu werden. Dieses Wissen kann dann für beide sehr vorteilhaft sein, wie beispielsweise im Fall von Inge, einer Kundin von mir«, erklärt Frank. »Ich kenne Inge als Kundin nun schon seit etwa fünf Jahren. In der ersten Zeit habe ich ihr auf ihren Wunsch hin die Haare immer sehr kurz geschnitten. Es entsprach auch ihrer inneren Ausstrahlung. Heute will sie die Haare länger tragen, sie möchte eine weiblichere Ausstrahlung. Der Grund der Veränderung war das Ende einer langen Beziehung zu einem sportlichen Mann, der auch immer sehr kurze Haare trug und dies auch von seiner Partnerin erwartete. Er war sehr dominant. Heute hat sie erkannt, dass ihr Äußeres durch ihren damaligen Partner bestimmt wurde. Aus Protest und innerer Überzeugung will sie die Haare jetzt länger tragen und ihre weibliche Ausstrahlung genießen. Beruflich arbeitet sie mit Kindern, und auch hier hat sie festgestellt, dass der Kontakt zu den Kindern einfacher herzustellen ist, wenn ihre Haare länger sind. Denn, wie du weißt, sind in meinen Augen die Haare die Antennen zur Seele und Kinder haben hierfür ein besonderes Gespür!«

Die Beratung

Unser Ziel ist es nicht, schöne Menschen zu formen. Strahlen sollen sie, und das können sie nur, wenn sie das ausdrücken, was sie wirklich sind.

»Weißt du, Olivia, eine Beratung richtet sich nicht nach der Form der Nase, der Augen oder der Größe des Gesichtes. Das wäre sehr einseitig gedacht. Eine Beratung basiert darauf, wie man nach außen hin wirken möchte. Man könnte sagen, es hängt damit zusammen, welche Botschaft man aussenden möchte. Nehmen wir beispielsweise Brigitte. Sie ist Schauspielerin. Ihre Ein-Frau-Theater-Vorführungen sind der Hit. Brigitte ist jenseits der 40 und wirkt wie eine Käthe-Kruse-Puppe mit langen Kleidern und blonden Zöpfen. Ihre freche, frivole und zugleich erheiternde Art ist sehens- und hörenswert. Wenn Brigitte auftritt, dann hat sie etwas von einer frechen Berliner Göre. Ich mag diese Art an ihr und die Zöpfe transportieren natürlich diese Gedanken. Ein Dutt oder Pferdeschwanz wäre nicht halb so passend für das, was sie verkörpert.«

Die Frisur der Gegebenheit des jeweiligen Gesichtes anzupassen, ist für den Profifriseur ein Leichtes. Zu erkennen, welcher Form, Struktur und Farbe es bedarf, um das Wesentliche darzustellen, erfordert mitunter eine ganz andere Beratung.

Frank meint, dass die Veränderung der Frisur oder der Haarfarbe äußere Zeichen einer inneren Veränderung sind. Die Erwartungen an den Friseur sind nicht nur von technischer oder handwerklicher Natur, es gehört eine große Portion von Feingefühl, Sensibilität und Hinhören dazu, um herauszufinden, welchen Traum die Kundin mit dieser Veränderung verwirklichen will.

Nur was von innen kommt, kann mit Begeisterung nach außen getragen werden.

Frank erzählt mir von einer Kundin, der er jahrelang die Haare kurz geschnitten hatte, bis sie eines schönen Tages zu seiner Verblüffung äußerte, dass sie von nun an die Haare wachsen lassen wolle. »Sie erzählte mir, dass sie sich von ihrem Partner getrennt habe, mit dem sie lange zusammengelebt hatte. Er hatte sie zusehends in eine bestimmte Rolle gedrängt. Heute trägt sie ihr Haar länger und genießt es, sich weiblicher zu fühlen und dies auch nach außen hin zu zeigen.

Als Friseur muss man die inneren Impulse der Frau aufnehmen und in ihrem Sinne umsetzen, gerade weil extreme Veränderungen oft für einen Wendepunkt im Leben stehen. Ein solcher Wendepunkt könnte natürlich auch die Hochzeit sein. Wie schon erwähnt, tragen Frauen bis dahin ihre Haare meist offen und ziehen so das Interesse der Männer auf sich. BRIGITTE BARDOT tat dies, CLAUDIA SCHIFFER, die CARDINALE und auch die LOREN, um nur einige zu nennen.«

»Wusstest du, Frank, dass im Feng Shui auch die Frisuren nach den Elementen betrachtet werden?«, frage ich ihn. Er verneint, und so erzähle ich ihm von Feuer bis Holz, von brav bis kokett.

Die Feuerfrisur

»Wann hast du deine letzte Feuerfrisur gemacht, Frank?«, möchte ich wissen. Er wünscht, dass ich dies genauer erkläre, und schon bin ich in Gedanken ganz begeistert bei Frauen, die sich Feuerfriseuren machen lassen.

»Die Feuerfrisuren bestehen aus dreieckigen Schnittanteilen«, verdeutliche ich. »Die Energie ist Yang. Bewegung und Veränderung sind die Zeichen des Yang. Mit einer Feuerfrisur symbolisiert der Träger Aktionismus. Die meisten Trägerinnen dieser Frisuren rufen viele Projekte ins Leben, können Menschen leicht begeistern und mit Worten wie mit einem Instrumentarium gleichermaßen umgehen. Wer sich zu feurigen Schnitten bekennt, möchte seine Individualität betonen. Er möchte Spaß haben, auffallen und Extravaganz verbreiten. Privat ist die Trägerin von Feuerfrisuren einfühlsam und verführerisch. Sie gibt sich nach außen hin lebendig und bewusst kommunikativ. *Wo ist der nächste Gipfel, den ich erstürmen kann?*, könnte das Motto lauten. Wenn diese Einstellung übertrieben wird, kann dies zur inneren Disbalance führen und Hektik, Launenhaftigkeit und Gefühlsschwankungen könnten die Folge sein.«

Frank lacht, denn er kennt einige Frauen, die im Feuerjahr, beispielsweise 1957 wie ich, geboren sind und sich wie beschrieben verhalten. Das ermuntert mich, ihm nun von den Holzfrisuren zu erzählen.

Die Holzfrisur

Holzfrisuren zeichnen sich durch ihre Länge und vertikale Linienführung aus und durch ihre Glätte. Die schönen, langen Haare, die sich seidig glänzend über die Schultern ergießen, repräsentieren am besten die Holz-Energie. Wer sich für sie entschieden hat, bekennt damit, dass er kreativ ist, Fantasie hat und die Fähigkeit, großzügig und tolerant zu sein. Holzfrisuren-Trägerinnen wirken charismatisch auf andere, energisch und risikofreudig. Sie sind in der Regel führend auf einem Gebiet. Manchmal zeigen sie sich rebellisch und kühn. In punkto Liebe sind sie initiativ und leidenschaftlich. So zum Beispiel Elena. Sie hatte die typisch langen, gerade geschnittenen Haare, eben eine Holzfrisur. Ich lernte sie in China beim Studium der traditionellen chinesischen Medizin kennen. Kaum eine in der internationalen Gruppe war so großzügig und tolerant wie sie. Als wir uns im Man Mo Tempel in Hongkong verabschiedeten, war sie es auch, die den Abt beschwatzte, uns die heilige Räucherung zur Erfüllung unserer Wünsche zur Verfügung zu stellen, die eigentlich nur an Chinesen weitergereicht wird.«

Ich beobachte Frank und kann seine Nicht-Reaktion zu meinen Ausführungen nicht deuten. »Warum erzählst du nicht weiter?«, sagt er dann, als ich ein bisschen zu lange schweige. »Ich finde die Sache sehr interessant.«

Die Erdfrisur

»Erdfrisuren sind kurz und gerade geschnitten, fast so wie der berühmte *Topf-Schnitt*. Wer sich für eine Erdfrisur entscheidet, wirkt ausgeglichen, stabil und ehrgeizig, geradlinig und zuverlässig. Erdfrisur-Trägerinnen kochen in der Regel gern für ihren Liebsten. Überhaupt zeigen sie so manche praktische Veranlagung.« Jetzt gibt es aber doch einen Einspruch von Frank. Hätte mich auch gewundert, wenn der große Figaro nicht irgendwann auch ein Veto eingelegt hätte. Er kenne keine *Topf-Schnitte* behauptet er und lacht.

Die Metallfrisur

»Die Metallfrisur ist rund geschnitten wie ein Bubikopf. Wer sich für sie entschieden hat, symbolisiert Treue, Beharrlichkeit und Anpassungsfähigkeit, wirkt gerecht und vertrauenswürdig. So jemand ist Martha. Martha leitet die Sonnengruppe in unserem Kindergarten Sausewind. Sie ist in der Tat beharrlich und anpassungsfähig.

Die Wasserfrisur

Wasserfrisuren zeichnen sich durch Wellen aus. Wer sich für sie entschieden hat, gibt sich sanft und charmant, wünscht sich ein schönes Leben und einen gefühlvollen Mann an seiner Seite. Stars und Sternchen aller Zeiten haben und hatten Wasserfrisuren. Sind sie nicht alle irgendwie Glücksritterinnen?«, frage ich. Frank hält sich mit seiner Antwort diskret zurück.

Dann frage ich ihn, ob er schon Parallelen zwischen Ernährung und Umweltfaktoren in Bezug auf die Haarbeschaffenheit beobachtet habe. Er hat und so ergänzen wir unser gemeinsames Wissen mit fernöstlichen Weisheiten.

In der fernöstlichen Denkweise sind es feinstoffliche Zusammenhänge, die bei der Ernährung der Haare eine Rolle spielen. Ein Übermaß an Yin kann genauso stören wie ein Übermaß an Yang. Yin und Yang können von der Ernährung, Bewegung, der Psyche und Umgebungsfaktoren abhängen. Insbesondere spielen für die Haarbe-schaffenheit die Funktion von Leber, Darm und Nieren eine Schlüsselrolle. Die Leber ist mit der Entgiftung des Körpers beschäftigt, währenddessen die Nieren und der Darm für Ausscheidung sorgen. Dadurch werden das Wachstum und die Beschaffenheit der Haare beeinflusst. Wenn die Nieren nicht mehr genügend Energie besitzen, sich von toxischen Stoffen zu trennen, dann leiden die Qualität und das Wachstum der Haare. Wer insbesondere gern Algen isst oder solche Präparate einnimmt, wird die Ausscheidung von Giftstoffen und Schwermetallen über die Nieren forcieren.

Da die Nieren emotional stark auf partnerschaftliche Schwierigkeiten reagieren, insbesondere auf Gefühle von Trauer und Angst, können die Haare geschädigt werden. Sie gehen mitunter aus, werden schlaff und matt. Die Leber ihrerseits reagiert auf Wut, Zorn und Hassgefühle, sodass der Stoffwechsel gestört wird und die Haare ebenfalls ausfallen können.

Umweltfaktoren, wie eine erhöhte Konzentration von Schwermetallen, können ebenso die Haare schädigen. Eine Bekannte mit zu viel Quecksilberbestandteilen in ihrem Körper hatte großen Schaden davongetragen und unser Nachbar hatte allein durch Zinkmangel einen Haarausfall erlitten. Kaum hatte er´ wieder Zink zugeführt, war innerhalb von drei Monaten der erste Fortschritt zu sehen.

Sprödes Haar und gespaltene Spitzen können auch ein Zeichen einer Schwäche der Nieren und falscher Ernährung sein. Zucker und gehärtete Fette schädigen das Haar genauso wie süße Getränke, Alkohol, ein hoher Salzkonsum, Eier und Käse. Stellt man die Ernährung um und ernährt sich von pflanzlichem Eiweiß, das in Sojaprodukten enthalten ist, sowie von frischen Obst- und Gemüseprodukten, so kommt ein Teil der Kraft in das Haar zurück. Positives Denken und Pflege des Seelenkostüms tun ihr Übriges. Wir erhalten das Yang, die Energie, auch durch gekochte, wärmende Mahlzeiten. Sie bauen Yang-Kräfte im Körper auf und diese sorgen für einen guten Haarwuchs und eine kräftige Haarstruktur. Asiatische Empfehlungen lassen auch zu Ginseng greifen. Selbst wenn er nicht die Erwartung, was die Haare angeht, erfüllt, so hilft Ginseng klar zu denken.

Fassen wir zusammen: Von Natur aus ist das Haar schön. Die Ernährung und die Aufnahme von Schadstoffen sowie psychische Faktoren können dem Haar Schaden zufügen.

Jeder, der seine Haare betrachtet, sollte wissen und annehmen, dass sie ein Geschenk für diesen Lebensweg sind. Natürlich müssen sie durch Ernährung und Pflege erhalten werden. Ein Teil der Beschaffenheit und der Farbe der Haare ist ererbt und somit Veranlagung, ein weiterer Teil aber wird durch die Ernährung, Pflege und die Psyche beeinflusst. Wer entsprechend seiner Veranlagung einen kräftigen Haarwuchs hat und dazu glänzendes Haar, wird sich auch einer körperlich guten Konstitution rühmen können. Wer sehr feine Haare hat, ist in der Regel weicher, nachgiebiger und empfänglicher. Er ist sozusagen sensibler, hat seine Antennen ganz fein gestimmt. Es ist deshalb von vornherein günstig, dass der Partner eine ähnliche Haarbeschaffenheit aufweist. So sind ähnliche Grundansichten möglich.

Frank und ich, wir sind uns einig: Haare sind sensible, anfällige Geschöpfe. Der Friseur hat die Chance, sich nicht nur des Menschen an und für sich, sondern auch der Haare, dieser *sensiblen Wesen*, anzunehmen.

»Frank, für mich ist klar, dass, bevor es zu einer Beratung kommt, der Friseur für ein Ambiente des Wohlbehagens sorgen sollte. Für mich sind die Umgebung, in der die Beratung stattfindet, und natürlich die Intensität, mit der ich als Kundin betreut werde, ausschlaggebend. Eine herzliche Begrüßung und die Freude, die man der Kundin gegenüber äußert, sie wiederzusehen, sind essentielle Bestandteile des Prinzips von Wind und Wasser.

Der Friseur der Gegenwart benötigt ein gutes Feng Shui für seine Räume und den Blick für die Kundin. Wie trägt sie ihre Kleidung, welche Farben mag sie, welchen Ausdruck hat sie im Gesicht und welche Ängste und Spannungen kann er wahrnehmen? Eine offene Körperhaltung, Wärme und Ruhe sollte der Friseur von der ersten Sekunde an ausstrahlen. Spürt die Kundin allerdings Stress und Unruhe, wird sie diese Spannung zurückgeben, und es wird nicht zu einer zufriedenstellenden Beratung kommen. Sie wird nicht loslassen können und ein wesentlicher Teil der Arbeit am Haar wird nicht vollzogen werden.«

Nach der Begrüßung kommt es zur ersten Kontaktaufnahme des Friseurs mit dem Haar. Seine Finger, seine Erfahrung und sein Wissen sagen ihm, wie es beschaffen ist. Wie die Kundin es zur Zeit trägt, ist für den erfahrenen Friseur ein offenes Buch, in dem er lesen kann. Manche Haare sind beispielsweise spröde und kraftlos, andere weich und glatt.

Ich fühle meine Haare zwischen den Fingerspitzen und Frank tut es ebenfalls. Sie wirken fest und haben ein klein wenig die Tendenz zur Trockenheit. »Machst du nur selten eine Haarkur?«, fragt mich Frank. Ich schäme mich fast für meine Antwort. Denn ich mache in der Tat nur alle Jubeljahre eine. Meist muss es ganz schnell gehen, und ich breche jeden Rekord in morgendlicher Schnelligkeit, trotz Vollprogramm. Nur passt eine Haarkur selten in den Plan. Frank empfiehlt mir daraufhin einige Wella-Produkte, von denen er sehr überzeugt ist.

Mit Hilfe des Wissens um die Symbolik der Haare und der verschiedenen Haarschnitte ist der Friseur nun in der Lage, mit der eigentlichen Arbeit zu beginnen. Sein Wissen über das Haar, seine Erfahrung und die Gabe, zuhören zu können und ganz gezielte Fragen zu stellen, werden ihm helfen, auf die Kundin einzugehen. Es entsteht ein Vertrauensverhältnis, in dem es der Kundin leichter fällt, über Spannungen, Ängste und Freuden zu sprechen. Der Friseur wird zu einer Art Freund und in dem einen oder anderen Fall ein Figaro mit therapeutischem Ansatz. Er ist der Spiegel oder ein möglicher Sensor für die Kundin.

Der Friseur schneidet das Haar nicht, um zu frisieren, sondern um die Persönlichkeit der Kundin freizusetzen.

Die Persönlichkeit einer Frau freizusetzen erfordert ein behagliches Umfeld. Nimmt man hier die Lehre von Feng Shui zu Hilfe, ist es nahezu ein Leichtes, Räume des Wohlbefindens zu schaffen.

Frank ist neugierig geworden und beschließt nach einer kurzen Erklärung meinerseits, sich diesbezüglich beraten zu lassen. Der Kunde benötigt eine Beratung in einem geschützten Raum, der durch seine Gestaltung Wohlfühlen ermöglicht. Als Friseur muss Frank die Kundin besser kennen lernen und ihr zuhören können. Eine

Bestandsaufnahme könnte der Anfang sein. Wie sahen die letzten Frisuren aus? Fragen wir doch die Kundin:

Wie wohl haben Sie sich mit Ihrem letzten Schnitt (Ihrer letzten Farbe) gefühlt?
Wann haben Sie die meisten Komplimente aus Ihrem Umfeld bekommen?
Gab es in der Kindheit Frisuren, die Sie gern oder ungern getragen haben?
Welche Haarfarbe hatten Sie, als Sie sich besonders schön fühlten?
Gibt es aktuelle Veränderungen in privater oder beruflicher Hinsicht?

Jemandem das Haar zu kämmen ist auch ein Zeichen der Liebe, der Aufmerksamkeit, des Vertrauens und der Intimität.

Wie sieht eine Beratung in einem Friseursalon in der Realität aus? Beginnen wir beim Raum, in dem die Beratung stattfindet. Richten sich die Friseure nach Wind- und-Wasser-Regeln ein, so haben sie schon einen Teil des Erfolges auf ihrer Seite. Denn wo man sich wohl fühlt, da lässt man sich ruhig nieder, da schöpft man Vertrauen, kann sich öffnen und kommt schließlich auch gern wieder zurück.

Ich verspüre, dass das Gesagte Gewicht hat. Wenn jeder Figaro nur ein kleines bisschen von den Anregungen aufnimmt, wird ein neues Zeitalter zwischen Friseur und Kunde eingeläutet. Was für eine rosige Zukunft, die ja bekanntermaßen bei einigen schon begonnen hat!

Es wird höchste Zeit, dass Friseure Wind und Wasser auf ihrem Weg integrieren. Warum? – Feng Shui ist ein Puzzleteil für den Erfolg!

Figaros sind kreativ, schöpferisch und wahre Meister ihrer Kunst, so wie Frank. Dass natürlich auch das Ambiente passen muss, ist doch klar, oder? Die meisten betrachten ihren Salon aber nur mit den Augen eines Inhabers oder Friseurs, sie betrachten ihn nicht mit den Augen einer Kundin oder eines Kunden. Als ich nach Oelde fahre, um Frank für seinen Salon zu beraten, habe ich mich gut vorbereitet und die Geburtsdaten ausgewertet. Uwe ist mit von der Partie, denn es interessiert ihn, wie eine tatsächliche Beratung vor sich geht und welche Veränderungen diese mit sich bringt.

Kaum sind wir an Franks Salon angekommen, stoppe ich Uwe und hindere ihn am Eintreten. Ich packe ihn am Ärmel seines blauen Kurzarmhemdes, das, zu meinem Bedauern sofort eine Knitterfalte bildet. »Tut mir Leid, aber Feng Shui beginnt nicht innen, sondern außen, Uwe.« Wir haben noch viel Zeit, und es wäre fatal, nicht die äußere Umgebung genauer inspiziert zu haben.

Franks Salon liegt in einer Fußgängerzone. Die Lebensenergie Chi fließt hier ruhig vor sich hin. Keine zweihundert Meter vom Salon entfernt liegt ein Parkplatz mit schattenspendenden Bäumen. Hinter dem Gebäude, in dem sich sein Salon befindet, ist ein zweites Haus. Es bildet die Schildkröte, den Schutz für seinen Salon, und bedeutet, dass seine Geschäfte gut verlaufen, zumal sich durch die Verkehrsberuhigung und den nahegelegenen Parkplatz auch Chi sammeln und verweilen kann.

»Wieso ist das Äußere, ist die Umgebung so wichtig im Feng Shui?«, fragt mich Uwe, der das nicht recht verstehen will. Hat er doch bislang angenommen, dass es um Düfte, Farben und Möbelanordnungen geht. »Du weißt doch, bei Immobilien entscheidet die Lage und noch einmal die Lage. Ist sie stimmig, dann lässt sich ein Gebäude nicht nur gut wieder verkaufen, es behält selbst in Krisenzeiten seinen Wert.« Für die Lage eines Geschäftes gibt es natürlich zusätzlich einige wichtige Punkte, die über das Wohl oder Wehe entscheiden können, über Erfolg oder Misserfolg.

Zunächst schaue ich nach dem Lauf und der Sammlung von Chi. »Vergleichen wir Chi mit Wasser, dann kannst du dir das so vorstellen, wie wenn du einen Eimer Wasser ausgießt. Du kannst jederzeit sehen, wie sich das Wasser von einem höheren Punkt zu einem niedrigeren hin ausbreitet und sich irgendwo möglicherweise sammelt und eine Pfütze bildet. Dort, wo sich das Wasser sammelt, die Pfütze erscheint, verweilt auch das Chi. Chi ist eine allgegenwärtige Lebenskraft, die die Materie, Flüsse, Straßen, Häuser und Menschen durchdringt. Das Ziel von Feng Shui ist es, wohltuendes Chi zu lenken und zu sammeln und Blockaden zu vermeiden und abzuwenden. Wie Gebäude in Bezug auf ihre Umgebung liegen, ist deshalb so immens wichtig, da sie so günstigenfalls viel von der Chi Kraft erhalten oder aber auch wenig. Viel Chi zu empfangen heißt, den Erfolg im Vorfeld auf seiner Seite zu haben, und zu wenig hingegen kann den Bankrott bedeuten und dies trotz immenser Anstrengungen. Manche Geschäftsleute haben nicht nur eine weniger gute Lage, um Chi zu empfangen, sie haben obendrein noch Blockaden und wundern sich, dass ihre Bemühungen um ein florierendes Geschäft so viel Kraft kosten und so wenig Nutzen bringen. Wenn wir nun wissen wollen, ob ein Gebäude viel oder wenig Chi bekommt, ob sich Chi sammeln kann oder fließen, so müssen wir zunächst das Gebäude von allen Seiten betrachten und sehen, was sich dahinter befindet, wie die Straßen und Wege zum Geschäft hin verlaufen, wie die Umgebungsbebauung ist und wie Beschaffenheit und Wertigkeit der Immobilien in der unmittelbaren Umgebung sind.

Um dir einen schnellen Überblick über die Dinge zu geben, nach denen ich heute schauen werde, lass mich dir zunächst erklären, was die Vorderseite und was die Rückseite eines Gebäudes bedeuten. Denn viele Feng Shui-Empfehlungen beziehen sich auf diese Definitionen. Lass mich dir dies anhand von Franks Salon erklären. Seine Ladentür und Schaufensterfront definieren die Vorderseite, die gegenüberliegenden Wände entsprechend die Rückseite.

Liegt Wasser auf der Rückseite des Geschäftes, so kann es zu finanziellen Verlusten kommen.

Liegt eine Straße auf der Rückseite des Geschäftes, so kann hinter dem Rücken der Geschäftsinhaber geredet werden.

Führen zwei Straßen im spitzen Winkel auf die Vorderfront des Gebäudes zu, können Zank und Streit über finanzielle Angelegenheiten die Folge sein.

Liegen zwei sich scherende Straßen der Vorderseite des Gebäudes gegenüber oder führt eine Straße direkt auf sie zu, fühlt man sich von der Konkurrenz möglicherweise zu unrecht angegriffen.

Liegt die Vorderfront am Scheitelpunkt einer halbkreisförmigen Straße, dann können sich unsichere finanzielle Situationen einstellen.

Wer an einer Schnellstraße seinen Laden hat, wird das Geld schneller ausgeben, als er es eingenommen hat.

Liegt die Vorderfront an einer L-förmigen Straße, dann kann diese Situation Glück und Geld »zerschneiden«.

Reflektieren große, verspiegelte Fensterflächen des Gegenübers in den Laden, dann kann das Personal unter schlechter Laune und Streitsucht leiden.

Liegt ein übermächtig hohes Gebäude auf der Vorderseite, dann kann es zu Betrügereien im Unternehmen kommen.

Zeigt die Vorderfront auf eine gegenüberliegende Einfahrt, so kann der Leistungspegel des Personals enorm nach unten hin abfallen.

Wenn ein Lampenpfosten oder Baum den Eingang »schneidet«, so kann es zu Rechtstreitigkeiten kommen.«

»Bist du der Meinung, dass das tatsächlich so ist?« fragt mich Uwe etwas ungläubig. »Ich kann dir dazu nur sagen, dass die Chinesen über Jahrtausende das Wissen weitergegeben haben und auch ich in den letzten zehn Jahren meiner Tätigkeit die Stimmigkeit dieser Behauptungen prüfen konnte. Warum das so ist, weiß ich natürlich auch nicht genau. Mein Motto lautet wie in der Medizin: Wer heilt, hat Recht.«

Ich gehe um das Gebäude herum und versuche zu sichten, wo welche Einflüsse von der Rückseite, beziehungsweise Vorderseite auf Franks Laden einwirken. Wo ist ein hohes Gebäude? Wie ist der Straßenverlauf, die gegenüberliegende Bebauung, wie die Gebäudeform des Hauses und vieles mehr. Dann nehme ich meinen chinesischen Kompass, den Lo Pan, hervor und prüfe die Himmelsrichtungen, um einen Überblick über den Sonnenlauf zu erhalten. »Warum ist der Sonnenlauf wichtig?«, fragt Uwe. Ich hole ein alt chinesisches Handbuch aus meiner Tasche und zeige es ihm. »Entscheidend ist es, in welche Himmelsrichtung die Eingangstür weist. Natürlich ist die Morgensonne am stärksten und lässt die Geschäfte erblühen. Wer beispielsweise ein Restaurant auf der Ostseite hat, wäre schlecht beraten.«

Nachdem wir alles geprüft haben, gehen wir zu Franks Salon. Vor der Eingangstür stehend nehme ich die genaue Gradzahl ihrer Ausrichtung und schaue mir die Schaufensterfront an. Rechts sind es mehr Fenster als links. Da rechts die Drachen- oder auch Yang-Seite ist, ist dies aus Feng Shui-Sicht hervorragend. Die linke Seite ist die Tiger- oder auch Yin-Seite, die entsprechend weniger Fenster hat. »Sieh mal, Uwe, auf der rechten Seite, die mit dem männlichen Element assoziiert wird, ist es vorteilhaft, Werbung mit Abbildern von Männern zu präsentieren und links die von Frauen. Wer richtig balanciert, fügt Harmonie in die äußere Gestaltung ein und hat wieder ein Puzzleteil zum Erfolg hinzugefügt.« »Was ist, wenn Frank gar keine Bilder von Haarmodels, ob männlich oder weiblich, ins Schaufenster hängen möchte?«, fragt mich Uwe. »Dann wird die rechte Seite beispielsweise höher gestaltet und die linke niedriger. Oder die Farbe der rechten Seite ist dominanter gegenüber der linken.« »Was machst du aber, wenn du nur ein Schaufenster hast?« Uwe fragt wirklich unermüdlich und ich bin, gottlob, geduldig genug, ihm alles genau zu beantworten. »Dann wird das eine Schaufenster so dekoriert, dass die Mitte der höchste Punkt ist und die rechte Seite davon wiederum höher ist als die linke. Hast du nur eine dominante Zweiteilung der Dekoration, dann kann auch auf beiden Seiten eine gleiche Höhe existieren, aber das dominante Thema ist auf der rechten Seite.«

Uwe ist zufrieden mit meinen Erklärungen. Als wir Franks Laden betreten, ist auch die Innenarchitektin der Welonda schon da. Meine Vorauswertung, die ich über den Lageplan und den Grundriss vorgenommen habe, ist für Franks Unternehmen sehr günstig ausgefallen. Frank seinerseits ist auf meine Analyse schon sehr gespannt. Sein Laden hat beste Voraussetzungen, gut zu laufen und ihm Erfolg zu bringen, da die äußeren Parameter für den Erfolg sprechen.

Wie schon erwähnt, liegt der Friseursalon in einer Fußgängerzone. »Wie gut, Frank«, höre ich mich sagen, »denn so sammelt sich Chi, die Lebensenergie vor deiner Tür. Wenn der Laden an einer stark befahrenen Straße wäre, dann hättest du es schwer, Leute in den Salon zu bekommen. Lass uns mit der Innenarchitektin zusammen zunächst die Fenstergestaltung ansehen, die Eingangstür und Stufen und dann erst in das Innere gehen. Ich möchte euch, bevor wir beginnen, auf eine Reise in die Feng Shui-Gedankenwelt einladen. Lassen wir uns dabei nicht von den chinesischen Worten Feng, das für Wind steht und von dem Wort Shui, das für Wasser steht, irritieren.« Ich bin in meinem Element und hole erst einmal richtig aus. Die Architektin der Welonda ist besonders an meinen Ausführungen interessiert und wird diese später auf einem Feng Shui-Event für den COE-Kundenkreis kundtun. Mir ist es wichtig, zunächst mit einigen Worten Feng Shui zu erklären, bevor ich zur Aus-wertung komme:

Feng Shui ist chinesischer Natur und die Worte selbst in ihrer Bedeutung weitreichender, als es auf den ersten Blick zu vermuten ist. Denn es bedeutet auch, dass der Mensch in einer Wechselwirkung steht zwischen dem, was vom Himmel her kommt wie Sonne und Regen und dem, was von der Erde ausgeht, wie Erdbeschaffenheit und Wasseradern. Im Raum sind seine Bezugspunkte der Boden, die Decke und die Wände. Die Gestaltung im Inneren erfordert ein sensibles Vorgehen in Bezug auf die Versetzung der Wände oder Wahl der Bodenbeläge. Eine dunkle Decke bedeutet ver-regneter Himmel und eine helle glänzende Bodenfläche assoziiert Eis und Unsicher-heit unter den Füßen.

Feng Shui-Wissen ist Jahrtausende alt und jung zugleich. In alten Bauwerken haben Baumeister Feng Shui-Wissen verankert und wir empfinden diese Gebäude als segensreich und schön. Gebäude, die von uns bewundert werden und in denen wir uns wohl fühlen, haben ein gutes Feng Shui, sind nach den Himmelsrichtungen aus-gerichtet und die Architektursprache der Formen, Anordnungen und Details geht mit diesen Hand in Hand. Die Symbolik ist vielfältig und stützt sich auf das Wissen der fünf Elemente: Feuer, Erde, Metall, Wasser und Holz. Wer auch in das Innere des Gebäudes alle Elemente hineinbringen möchte, holt sich das Leben pur zur Unterstützung seiner Geschäfte hinein. Frei nach dem Prinzip *wie innen so außen* werden die äußeren Elemente in Resonanz mit dem Inneren gebracht.

Feng Shui ist zwar chinesischer Natur, es ist aber auch in Europa, Australien oder in Amerika zu finden. Überall, wo es Feng Shui-Wissende gab, wurden Gebäude nach den Regeln des Feng Shui gebaut. Die Wissenden kamen aus dem Bereich der Architekten und Handwerker. Anders als heute wurde vor Jahrtausenden die Lehre vom Vater zum Sohn oder vom Meister zum Schüler weitergegeben. Die Grundlagen waren und sind Naturbeobachtungen. Man hat die Auswirkungen der Umgebung auf Häuser und menschliche Schicksale hin untersucht. Wer auf diese Weise etwas für sein Wohlergehen tun möchte, benötigt keinerlei Glauben in irgendeine Richtung. Die einzige, wirklich wichtige Erkenntnis ist, dass Feng Shui ein System aus Beobachtungen ist, welches die Wechselwirkung zwischen äußerem Umfeld, Natur, Lebensraum und Mensch im Zentrum aller Bemühungen hat.

Wir haben mittlerweile an einem runden Tisch Platz genommen und Frank hat frischen Kaffee aufgebrüht und Wasser, Espresso und Orangensaft auf den Tisch gestellt. Wir sitzen etwas ungünstig zwischen Tür und Fenster, es fehlt eine geschützte, gemütliche Ecke. Aus Feng Shui-Sicht nennt man dies ein Xue, das uns fehlt, um uns wirklich gut zu fühlen. Aber es soll ja alles anders werden, und so werden wir auch einen Platz schaffen, der wirklich gemütlich ist, damit so das Xue, der geschützten Platz, entsteht. Frank resümiert, dass man vielleicht sagen könnte, dass Feng Shui aus unendlich viel Weisheit besteht und in der Summe der Erkenntnis ein Stück weit dem ähnelt, *was die Großmutter noch wusste*, oder? Ich bestätige dies und füge hinzu: »Feng Shui bringt uns heutige Stadtmenschen, die sich kaum noch im Freien aufhalten, der Natur wieder um ein Vielfaches näher und sorgt dafür, dass sich die Kunden und wir selbst uns in einer Feng Shui-Athmosphäre wohl fühlen. Fazit: Die Kunden fühlen sich gut, kommen gern wieder und tragen die Idee von Feng Shui begeistert auch in ihre privaten Lebensräume. Wenn wir der Natur ein Stück näher sein möchten, dann haben wir mit Feng Shui einen Schlüssel in der Hand, der einen Zugang zu innerer Gelassenheit, Ruhe, Zufriedenheit und Energie schaffen kann, der aber auch Ruhm und Reichtum beschert, wenn man dies nur möchte.«

Die Welonda-Architektin, Frank und Uwe schauen mich ungläubig an. *Wie, Reichtum durch Feng Shui?*, lese ich in ihren fragenden Gesichtern. »Natürlich kann man eine Umgebung kreieren, die den Reichtum nach sich zieht. Vertrocknete Pflanzen im Schaufenster tragen natürlich nicht dazu bei. Reichtum wird durch Harmonie der fünf Elemente innerhalb der Räume erzeugt und durch Wasserobjekte, denn Wasser kreiert eine Reichtumsatmosphäre. Die Kunst besteht darin, das Wasser an die richtigen Stellen zu bringen, an die Akupunkturpunkte des Raumes, und diese Kunst beherrscht ein Meister seines Faches.«

Uwe hakt noch einmal nach und fragt: »Inwieweit kann ein Figaro von Feng Shui, dem Prinzip von Wind und Wasser nun insgesamt profitieren? Ist dies vielleicht eine Modeerscheinung, die am Horizont auftaucht und genauso schnell wieder verschwindet?« »Der Figaro (Mann oder Frau) geht ständig mit Wind, dem Föhn und Trockenhaube, um und wäscht jeden Tag mehrmals die Haare mit dem Lebensquell Wasser. Ist dieser Berufsstand nicht überhaupt der, der ständig mit Wind, Feng, und Shui, Wasser, umgeht? Natürlich, er oder sie wusste bislang nicht, dass dies mit Feng Shui viel gemein hat oder dass es Feng Shui überhaupt gibt. Der Figaro ist aber derjenige, bei dem man sich eine Auszeit gönnt, um sich zu verschönern. Da muss alles stimmen, insbesondere im Inneren der Räume. Man verbringt ja dort schließlich ein Stück Lebenszeit, eine Art Urlaub vom Alltag.« Frank ist ganz meiner Meinung. »Geben wir den KundenInnen das, was sie sich wünschen: sich zu verschönern in einem Ambiente von Wind und Wasser, Feng und Shui. Oder glaubt ihr, dass sich VICTORIA VON SCHWEDEN, die Lifestyle Expertin BRIGITTE VON BOCH oder die Schlagersängerin DUNJA RAJTER irgendwo frisieren lassen? Und ist nicht jede Kundin etwas Besonderes? Hat sie nicht Anspruch auf den Thron, den sprichwörtlichen? Nur wer gibt, empfängt tausendfach zurück. Rollen wir deshalb den roten Teppich aus und freuen uns über jeden Gast im Salon! Er oder sie geben uns die Möglichkeit zu lernen, uns ständig selbst zu überprüfen und zu beweisen.«

Franks Meinung wird von allen Beteiligten kopfnickend aufgenommen und ich ergänze: »Feng Shui hat fünftausend Jahre überlebt und sich ständig weiterentwickelt bis in unser Jahrtausend hinein. Was früher nur einer begrenzten Oberschicht und Herrschern zur Verfügung stand, ist heute für jedermann zugänglich: Feng Shui.«

Die Prinzipien von Wind und Wasser, Himmel und Erde enden aber nicht beim Interieur. Ihre Wirkungen gehen in alle Bereiche des Business. Sie sind ebenso vortrefflich geeignet, um das Firmenlogo zu analysieren oder den Briefkopf der Firma zu überdenken. Bekannte Logos, wie das der Firma Wella, der Zeitschriften *Times* oder *Spiegel* sowie der Automarken *VW* und *GM* gelten beispielsweise vom Feng Shui-Standpunkt her als sehr erfolgsversprechend.

Brauchen wird man Feng Shui auch dann, wenn man weniger Ausfall durch kranke Angestellte wünscht und man, wie schon erwähnt, den Wunsch nach einem Leben in Reichtum verwirklichen möchte. In jedem Fall ist Feng Shui das Puzzleteil, das manchem Figaro möglicherweise fehlt, wenn ihm trotz guter Absichten und Könnens nicht der erwünschte Erfolg beschieden ist. Feng Shui wird in jedem Fall eines tun, es wird mehr Energie in den Innenräumen schaffen als bisher. Der Figaro wird spüren, dass seine Vorhaben mit diesem Mehr an Energie auch leichter in die Tat umsetzen sind.

Mit steigender Lebensenergie steigt auch die Lebensqualität. Dass sich in Friseursalons Kunden mit Feng Shui wesentlich wohler fühlen als ohne, liegt auf der Hand. Der Mensch ist ein Seismograph für Energie. Er sucht sie, und hat er sie gefunden, so hält er sich gern dort auf. Wie wir wissen, treibt es Menschen egal welcher Herkunft hinaus in die Natur, dorthin, wo Lebensenergie, Chi genannt, reichlich vorhanden ist und fließt. Wer die Naturprinzipien für den Bau und die Einrichtung von Häusern beachtet, zieht Chi an und verschafft sich so eine Energiequelle.

Alte Meister ihres Faches beobachteten die Natur, ihre Form- und Farbenvielfalt und ihr Zusammenspiel innerhalb der Jahreszeiten. Beobachtungen ergaben, dass das Umfeld und die Räume selbst auf das psychische, seelische und körperliche Wohlbefinden einwirken. »Ist das nicht gerade der Grund, warum du, Frank, deinen Salon nun umbaust? Möchtest du nicht für deine Mitarbeiter und Kunden ein Interieur der Harmonie und Kraft schaffen? Und das klingt nicht nur gut, es funktioniert auch. Ich werde dir heute Möglichkeiten aufzeigen, wie du dies für deinen Salon verwirklichen kannst.« Lasst mich das Gesagte noch einmal zusammenfassen:

Feng Shui-Wissen anzuwenden heißt, Energie anzuziehen, zu lenken und fließen zu lassen. Das Ergebnis lässt sich in einem Wort zusammenfassen: Reichtum – nämlich immer reichlich von allem zu haben.

Reichtum kann Geld sein, kann aber auch bedeuten, reichlich Freunde und Kundschaft zu haben. Wie auch immer man seine Ziele definiert, mit Feng Shui wird man sie unterstützen.

Viele alte Bauwerke zeugen heute noch von Feng Shui- Wissen. Wer es nutzen will, sich damit neu einrichtet oder baut, hat einen Faktor an seiner Seite, der ein Magnet in Bezug auf Kundschaft sein, den Umsatz erhöhen, die Krankheitsrate im Unternehmen senken und die Freude an der Arbeit erhöhen wird.

Grundlage allen Wissens sind die Beobachtungen der Natur und die Erkenntnis, dass allem Lebendigen, Chi, eine universelle Lebenskraft inne wohnt. Chi fließt im

Körper in den so genannten Meridianen und in der Landschaft. Wenn es gelingt, Chi durch entsprechende Eingangsgestaltung, Formen, Farben und Accessoires so zu lenken, dass Räume und Menschen von dieser Kraft durchflutet werden, sind Wohlstand und Wohlbefinden immer die Folge.

Das Ziel von Feng Shui ist es, mit Hilfe der Lenkung universeller Lebenskräfte, Chi genannt, ein Umfeld von Wohlstand und Wohlbefinden zu erzeugen.

Der Figaro sollte meiner Meinung nach sensibel und kreativ zugleich sein. Ständig geht er mit Menschen und ihren Wünschen um. Manche fühlen sich bei ihm/ihr wie bei der besten Freundin, der sie alles erzählen können. Der Figaro ist Seelentröster, Psychotherapeut, Mutter, Berater und Friseur in einem. Er sieht sich das Gesicht an und wägt den Scheitelsitz, die Haarbeschaffenheit und die Haarfarbe in Bezug auf das Gesicht hin ab. Er hört sich die Wünsche an, berät und setzt das gemeinsam gefundene Ergebnis um in einem Umfeld, das zur Freude der Kundin einen tiefen Eindruck hinterlassen hat. Dorthin möchte sie gern wiederkommen und Beratung und Raum in sich aufsaugen. Denn Wissen, Ausstrahlung, Umgangsformen und Stimmungen des Figaros werden die Kundin mitentscheiden lassen, ob sie gern wieder dorthin gehen wird oder nicht. Ist der Raum zu kalt oder zu warm? Welche Geräusche, Luftzug- und Sitzsituationen waren angenehm? Diese Fragen sprechen das Feng Shui des Raumes an.

Der Kunde ist durch den Interieurfaktor beeinflussbar. Weil das so ist, ist Feng Shui der richtige ‚Partner' an der Seite jedes Erfolgsbewussten, der das Maximum für seine Kunden geben möchte. In einem solchen Feng Shui-Ambiente dürfen natürlich auch Pflanzen und Wasser nicht fehlen, die als Wohlfühlboten fungieren.

Wasser ist eine Lebensessenz. Fließt es reichlich, so sprudelt das Leben und mit ihm der Reichtum ins Haus.

Bei diesen Worten holt Frank für uns alle Wasser. Es kommt aus einer blauen Flasche, sieht nobel aus und ist eisgekühlt. Letzteres ist zwar dem Körper nicht so bekömmlich, da er den Temperaturunterschied mit viel Energieaufwand ausgleichen muss. Ich sage einstweilen nichts und erfreue mich am Blau der Flasche.

»Wasser nimmt einen hohen Stellenwert im Feng Shui ein«, fahre ich fort, »ist es doch, wie ich schon erwähnte, ein Reichtumbringer und darf in keinem ausgewählten Feng Shui-Ambiente fehlen. Es symbolisiert: Alles im Fluss! Ohne ein Feng Shui-Experte sein zu müssen, ist leicht nachvollziehbar, wie weitreichend die Bedeutung von Wasser ist, besteht doch der Mensch selbst zu 70 Prozent aus Wasser. Ist das Wasser sauber und in Bewegung, so zieht es Chi, die Lebensenergie, und den Sauerstoff an. Plätscherndes Wasser setzt erfrischende Negativ-Ionen frei und belebt damit die Atmosphäre. Wer Gebäude im Inneren mit Aquarien und Zimmerbrunnen ausstattet, hat nach der Feng Shui-Lehre ein Plus auf der ganzen Linie. Denn unsere meist sehr trockenen Räume werden befeuchtet und damit auch die Schleimhäute, und man beugt auf diese Art und Weise Erkältungserkrankungen vor.

Ich habe für dich, Frank, eine Zusammenfassung meiner Ausführungen mitgebracht, damit du in Ruhe noch einmal alles nachlesen kannst.« Frank liest laut vor:

Wie wirkt sich Feng Shui aus?

Mit dem Interieur-Erfolgsfaktor ist man nicht nur up-to-date, man nutzt das Gesetz von Ursache und Wirkung, sammelt in den Räumen wohltuendes Chi, lenkt es und fördert damit seinen Umsatz.

So wirkt ein ungünstiges Feng Shui

Es erzeugt Unzufriedenheit. Es mindert Leistungsfähigkeit und Optimismus. Geschäfte verdanken ihren Konkurs zu einem hohen Prozentsatz einem weniger günstigen Feng Shui. Mit Beratern wären sie gesunde, leistungsfähige Unternehmen geworden!

So wirkt sich ein günstiges Feng Shui aus

Höhere Erträge, zufriedene Angestellte und Kunden sowie eine lange Lebensdauer des Unternehmens. Feng Shui schafft eine Arbeitsatmosphäre, in der jeder motiviert ist, sein Bestes zu geben. Friseure und Kunden fühlen sich voller Energie, die Leistungsbereitschaft steigt.

»Wie soll das funktionieren?«, fragt mich die Innenarchitektin der Welonda. »Mit Chi natürlich«, antworte ich, als wäre es das Natürlichste von der Welt. Ihr reicht meine Antwort nicht aus, sodass ich mich genötigt fühle, Chi genauer zu erklären. »Das ist gar nicht so einfach, denn Chi kann man nicht anfassen und sehen kann man es auch nicht. Über die Türen tritt Chi ein, verteilt sich und sucht sich seinen Weg durch die Räume. Am häufigsten fließt Chi von der Tür zum Fenster direkt wieder hinaus, wenn sich beide in einer Linie gegenüber liegen. Dies ist nicht erwünscht. Denn Chi soll sich im Raum bewegen und sammeln, bevor es diesen wieder verlässt. Man braucht nur Menschen zu beobachten, wohin sie laufen, wie sie sich im Raum bewegen, wo ihre Lieblingsplätze sind und man erhält Informationen über den Lauf von Chi. Man kann auch sagen, dass dorthin, wo die Aufmerksamkeit eines Menschen fließt, auch das Chi fließt.«

Chi ist eine Energieform, die das Leben unterstützt. An dieser Stelle könnte ich enden, nach dem Motto: Ist doch schon alles gesagt. Woher aber kommt Chi? Ist es nicht überall und ermöglicht Leben überhaupt? Das, was Leben im herkömmlichen Sinn ermöglicht, sind bekanntermaßen Sauerstoff und Wasserstoff. Beide zusammen ergeben das Element Wasser. Wasser ermöglicht also Leben und im Leben wirken die Kräfte von Aufbau und Regeneration. Wasser im Salon zieht Chi an.

Wer Chi anzieht, zieht das Leben an und mit ihm Aufbau und Regeneration!

In der Tat ist genau dieser Punkt im Feng Shui der Schlüsselpunkt aller Handlungen, die Raumveränderungen mit sich bringen. In der Natur gibt es genügend Chi. Die Wälder und die Gewässer sind voll davon. Je mehr wir unsere Zeit in Feld und Flur verbringen würden, umso ausgeglichener wären wir, denn dort sind 100 Prozent Lebensenergie vorhanden. Der Haken besteht nur darin, dass wir kaum Zeit haben, den ganzen Tag draußen in der Natur zu sein. Deshalb ist es wichtig, dass wir dem Kunden das Gefühl vermitteln, dass er seine kostbare Zeit beim Figaro wie im Urlaub verbringt.

In der Zeit meiner jahrelangen Beratungen habe ich so vielen Unternehmen helfen können. Dennoch möchte ich eines ganz klar hervorheben: Feng Shui ist ein Puzzleteil im Gesamtgetriebe eines Unternehmens und nicht ein Allheilmittel. Aber ist es nicht häufig so, dass genau dieses eine Puzzleteilchen fehlt, um den Durchbruch im geschäftlichen Erfolg zu erreichen? Ist der Eingang neu gestaltet, sind die Farben im Interieur neu gerichtet und die Kasse umpositioniert, verändert sich der Chi-Fluss im Raum. Das Geschäft wird zu einem Kundenmagnet, ohne dass es dem Kunden bewusst ist, warum er sich hier so wohl fühlt.

Wie gut das Chi im Raum fließt, ist entscheidend für den Kundenmagnetismus. Wenn ein Geschäft zudem noch für die Angestellten und Mitarbeiter Wohlfühlcharakter hat und die innere Stimmung im Laden aufbauend ist, dann hat auch die Geschäftsleitung den Kopf frei für neue Ideen und kann kreativ und schöpferisch sein.

Das meiste Chi kommt über die Tür herein. Deshalb sollte der Eingang aufbauend, einladend und firmentypisch sein. Chi folgt dem energetischen Fußabdruck eines Menschen und kommt so mit jedem Eintretenden zur Tür herein.

Schmale Türen können das Chi mitunter nur fadenförmig in das Gebäude einlassen, breite Türen sorgen für den Einlass eines breiten Chi-Stroms, sind ein größerer Kundenmagnet. Aufbauendes Chi, das dem Unternehmen Erfolg beschert, kann man über folgende Parameter testen:

Wie ist der Eingang? Ist er frei von Blockaden, damit Chi ungehindert eintreten und seine wohltuende Wirkung entfalten kann?
Wie sind die Gegenstände im Raum geformt? Abgerundete Formen lassen Chi sanft fließen.
Sind Wasserobjekte im Raum? Sind sie vorhanden, so sind sie ein Indiz für das Vorhandensein von Reichtum – Chi.
Wie sind die Wegeführungen und Sitzmöglichkeiten im Raum? Stimmt der Fluss von Chi, dann wächst das Unternehmen. Bewegliche Elemente, Licht und Farbe können Chi wie das Licht die Motten anziehen.
Was für Chi- Magnete haben Sie geschaffen?

Wie erwähnt, tritt Chi durch die Tür ein und sollte zum Empfang, zur Kasse führen.

Feng Shui für den Eingang

Der Eingang ist das A-und-o jeder Firma. Er ist das Aushängeschild und sollte deshalb eindeutig und leicht zu finden sein, gut beleuchtet und beschriftet und einen makellosen Eindruck vermitteln. Wer schwergängige Türen hat, macht es seinen Kunden schwer, in das Geschäft hineinzukommen. Wenn die Eingangstüren quietschen, wird oft Streit im Unternehmen herrschen, und wer den fehlenden Putz an der Außenwand der Eingangstür nicht beseitigt, wird bald schlecht gehende Geschäfte haben. Diese Aussagen treffen in der Regel den springenden Punkt. Wer zudem das lichte Maß der Tür in guten Feng Shui-Maßen hält, wird mit einer leicht gängigen und leicht und eindeutig zu findenden Tür den Erfolg auf seiner Seite haben.

Förderliche Lagen der Eingangstür

Besonders förderlich ist es, wenn sich die Eingangstür an einer Fußgängerzone, gegenüber einem Park, an einer s-förmigen oder auch seitlich an einer hufeisenförmigen Straße befindet. Auch wenn sie an einem Verkehrskreisel liegt, zieht sie Glück, Geld und natürlich Kunden an.

Man vermeide Geschäftslagen auf einem Dreiecksgrundstück, an einer breiten Hauptverkehrsstraße, an sich scherenden Straßen, an T-Kreuzungen, gegenüber Starkstrommasten, zwischen zwei hohen Gebäuden.

Wie muss eine Tür gestaltet sein, damit sie in dieser schnelllebigen Welt leicht erkennbar ist? Wie nimmt man Notiz von ihr? Feng Shui erklärt, was man über Türen wissen sollte, um gut gehende Geschäfte zu haben:

Das Geschäft sollte möglichst nur eine Eingangstür haben. So ist der Kunde nicht verwirrt und geht zielgerichtet zur richtigen Tür.
Die Eingangstür sollte mindestens genauso groß sein wie eine Tür, die sich auf der gegenüberliegenden Straßenseite befindet. Ist das nicht der Fall, dann sollte man sie optisch durch Pflanzen neben der Tür oder Reklameschilder vergrößern. Um dem Eingangsbereich so viel Chi wie möglich und damit angenehme Aufmerksamkeitsfaktoren zu geben, sind zusätzlich Wasser, Licht und Pflanzen unerlässlich.
Man verstelle nie eine Tür! Verstellte Türen weisen möglicherweise auf verstellte Wege im Leben hin!
Man sorge dafür, dass die direkte Linie zur Tür nicht durch einen Baum, Pfahl oder eine Laterne behindert wird. Alle Spitzen und Kanten, die so genannte geheime Pfeile aussenden, sollte man am Eingang schnellstens entfernen. Das können die Kanten von Stützpfeilern sein oder von gegenüberliegenden Häuserecken. Manchmal sind dies auch moderne, dreieckige Garderobenständer, Kunstwerke oder ungünstige Aufstellvorrichtungen, die mit ihrem schneidenden Chi auf die Tür zielen.

Der beste Standort des Empfangs

Wer seinen Empfang in gerader Linie gegenüber der Tür oder hinter dem aufgehenden Türblatt hat, wird sich schwer tun, sein Geld zu verdienen. Die Tür lässt vitale

Energie hinein und mit ihr Kunden und Geld. Befindet sich der Empfang seitlich von der Tür, dann wird sich Glück einstellen. »Bei dir, Frank ist der Empfang, die Kasse günstig positioniert. Einmal befindet sich die Kasse seitlich des Eingangs und zum anderen wird mit der Türblattrichtung der Kunde direkt dorthin gespült.«

Lasst mich nun näher erklären, was den Energiestrom, Chi, behindern könnte und es damit Kunden und Mitarbeitern schwer macht, sich im Salon wohl zu fühlen:

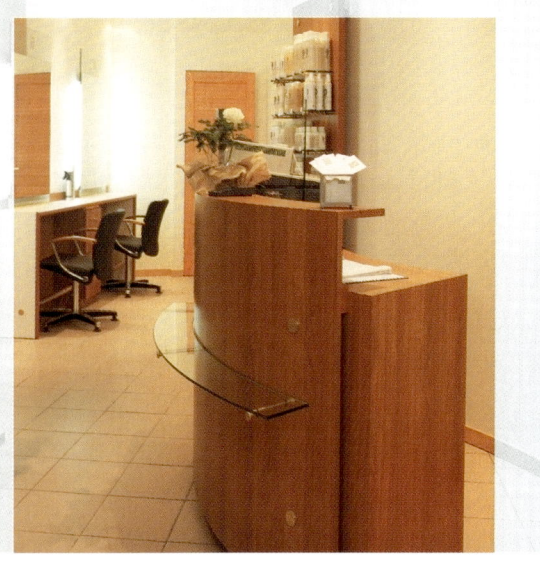

Sha-Elemente eliminieren

Sha sind Hindernisse, so genannte geheime Pfeile, die den Energiefluss stören. Chi, die wohltuende Lebensenergie, wird gehemmt. Damit ist das Raumgefühl gestört und die Gesundheit der Mitarbeiter auf Dauer nicht gesichert. Der Kunde fühlt sich angegriffen, reagiert mitunter aggressiv und gestresst oder fühlt sich einfach nur unwohl.

Ist der Figaro Sha-Chi-Angriffen durch Ecken des Raumes oder Spitzen am Interieur ausgesetzt, dann kann er empfindlich darauf reagieren: die einen mit Verspannungen und Muskelschmerzen, die anderen mit aggressivem Verhalten. Kein Wunder, wenn acht Stunden lang so genannte *geheime Pfeile* von Ecken und Kanten auf ihn abgefeuert werden.

Sehen wir uns nachfolgend mögliche Störfaktoren an, Sha-Elemente genannt, die den Erfolg hemmen können:

Suchen wir zunächst nach spitzkantigen Ecken und hervorstehenden Kanten von Pfeilern oder Dekorationen, die in den Raum hinein *pieksen*. Diese schwächen die Lebensenergie vielleicht nur für den Zeitraum, an dem man an ihnen vorbeigeht. Vielleicht aber steht man ja acht Stunden oder mehr mit dem Rücken zu einem solchen Sha-Chi-Einfluss. Rückenbeschwerden könnten die Folge sein. Dennoch, zunächst verspannen sich die Muskeln in dem Bereich, auf den die Kanten ihre störende Energie schmettern. Es kann Monate dauern, bis man die Beschwerden mit dem Raum in Verbindung bringt. Man kann einen einfachen kinesiologischen Test machen, indem man den rechten Arm im Neunzig-Grad-Winkel zur Seite hin ausstreckt, sich mit dem Rücken vor eine Kante stellt und nun jemanden bittet, den Arm hinunterzudrücken. Das wird sehr leicht gehen.

Wenn man dann nur einen Schritt zur Seite geht, ist man wieder stark. Ist das nicht verblüffend?

Vielleicht hat man das Sha–Chi auch in Form von tragenden Balken über sich. Die Folge davon könnte sein, dass man unter Kopfschmerzen leidet und sich förmlich erdrückt fühlt. Für einen Kunden sind die Einflüsse des Sha-Chis in Form von Unbehagen und Unwohlsein, also *Sich-Nicht-Wohlfühlen* bemerkbar.

Hat man zunächst die Störfaktoren der aggressiven Art erkannt und beseitigt, dann wendet man sich im Feng Shui den kleinen Dingen zu, wie sie in Form von vertrockneten oder verkümmerten Pflanzen vorkommen können und/oder in Form von Unrat, der sich ansammelt und die Poren des Salons förmlich verstopft. Es ist also ein Muss, aufzuräumen und gedeihende Pflanzen mit rundlichen Blättern im Salon zu integrieren. Pflanzen geben einerseits Sauerstoff an die Umgebung ab und zum anderen eliminieren sie Schadstoffe.

Schadstoff-eliminierende Pflanzen sind beispielsweise Gerbera und Grünlilie

Sha-Chi kann auch in Form von Durchzugslinien und verstellten Wegen auftreten, abgeblättertem Putz an den Wänden oder sonstigen Verfallsanzeichen. Bei einer meiner Beratungen in Hannover war dies ganz augenscheinlich. Der Salonbesitzer hatte ein schönes Ambiente im Inneren. Die Umgebung aber war heruntergekommen und rechts neben dem Eingang blätterte der Putz ab. Es zog die Kunden weder in diese Gegend noch in seinen Salon. Deshalb muss man dringend darauf achten, dass die Umgebung natürlich reflektiert und man sich in einem Umfeld befindet, das Wohlstand, Hoffnung und Aufbau verheißt. Abblätternder Putz zieht keinen Reichtum an. Er steht für Verfall und ist ein Hinweis auf schlecht gehende Geschäfte. Selbst der Fußabstreifer sollte frisch sein, auch wenn man ihn jedes Jahr erneuern müsste. Er spielt als Magnet für Kunden eine nicht zu unterschätzende Rolle.

Tritt der Kunde erst einmal ein, dann tritt mit ihm auch das Chi in den Salon. Sein Blick sollte konzentriert auf einen starken Punkt fallen, der seine Aufmerksamkeit ganz einnimmt. Von dort aus sollte er durch Licht, Pflanzen, Interieur und Farben weiter in das Innere des Salons geführt werden. Deshalb gilt es, die Wege frei zu lassen und zu verhindern, dass ,Wind' durch den Salon fegt'. Stellt man Aufsteller, Pflanzen oder Reklametafeln ins Fenster, so kann man mitunter Chi, den ,Wind' stoppen. Damit bewahrt man das Chi des Raumes und Wohlstandsenergie verweilt.

Ich fasse zusammen:

Eliminieren aller Verfallsanzeichen, da sie Verlust symbolisieren. Entfernen von nicht gedeihenden Pflanzen und getrockneten Sträußen und Kränzen, da dies Wachstumsschwäche, Yin und Verfall signalisiert. Alles Spitze und Kantige abschwächen mit Pflanzen, Klangspielen oder Aufstellern und Spiegeln, um Wohlfühlgefühl zu erzeugen.

»In deinem Salon, Frank, gibt es einige Ecken und Kanten, die bei deinen Mitarbeitern, einschließlich dir, zu Verspannungen führen können. Ein großes Plus ist es, dass es keine Verfallsanzeichen an der Eingangsseite gibt und der Fußabtreter in einwandfreiem Zustand ist. Im Übrigen ist es von Vorteil, dass dein Logo nicht auf dem Fußabtreter zu sehen ist, da man sonst dein Unternehmen wortwörtlich mit den Füßen treten würde. Lass uns jetzt deinen Salon auf die Balance von Yin und Yang hin untersuchen. Zunächst möchte ich aber erklären, was es mit der Balance von Yin und Yang auf sich hat.«

Die wesentliche Erkenntnis des Feng Shui besteht darin, dass sich aus Chi die polaren Gegensätze, Yin und Yang, formen. Obwohl sie vollkommen gegensätzlich sind, symbolisieren sie in ihrer gemeinsamen Verbindung die Ganzheit, das Tao.

Da wir selbst bipolar angelegt sind und sich alles um uns herum in einem Wechsel der Polaritäten befindet, ist in der Einrichtung wie auch in der Dekoration das Spiel mit Yin und Yang ideal, um Harmonie zu erzeugen. Harmonie ist Klang, ist Schwingung. Diese steht in Resonanz mit allen, die Harmonie suchen und anstreben. Meine Aufgabe besteht nun darin, mit Feng Shui-Kenntnissen die Balance von Yin und Yang herzustellen. Stellen wir uns eine Waage mit zwei Waagschalen vor. Legt man in eine der Waagschalen beispielsweise schwarze Stühle und einen braunen Boden, so hat man ein dunkles Ambiente geschaffen. Es ist daher vonnöten, in die andere Waagschale helle Farben, zum Beispiel aus dem Weiß-Gelbbereich, zu legen, um die Raumbalance von Yin und Yang zu erhalten. Hätte man sich entschlossen, die Wände in einem dunklen Blau zu streichen, dann wäre kein Gleichgewicht zu erzielen gewesen. Die Folge wäre möglicherweise gewesen, dass man sich im Raum nicht wohl gefühlt hätte. Wer sich aber nicht wohl fühlt, wird auch nicht gern wiederkommen. Wenn dann trotzdem noch Kunden kommen, liegt das häufig daran, dass es keinen anderen gleich guten Friseur in der Umgebung gibt. Sobald aber ein Figaro einen Salon nach Wind und Wasser-Prinzipien eröffnet, werden die Kunden wieder zu ihm strömen.

Yin und Yang bilden das Tao, die Einheit, die Harmonie. Grün benötigt Rot, Schwarz das Weiß und Blau das Orange. Hohe Formen wollen mit Niedrigem kombiniert und Eckiges mit Rundem ergänzt werden.

Yin	Yang
Ruhe	*Bewegung*
Schatten	*Licht*
dunkle Bereiche	*helle Bereiche*
kühle Areale	*warme Areale*
waagerecht	*senkrecht*
weich	*hart*
unten	*oben*
blau	*orange*
grün	*rot*

Die Harmonie ist vollkommen, wenn sich die Urkräfte Yin und Yang fließend begegnen, so wie sich der Tag mit der Nacht abwechselt, auf den Frühling der Sommer folgt und auf den Regen der Sonnenschein. Yang ist ein Sammelbegriff für: hell, männlich, warm, den Himmel, die Berge, die aufrecht strebende Kraft vertikaler Linien. Yang ist die nach außen gerichtete Kraft, die sich durch ungerade Zahlen definiert. Yang ist hoch, laut und mächtig. Im Gegensatz dazu lebt die Urkraft Yin in den Flüssen und Seen, in der Ruhe und Besinnlichkeit, auf grünen Wiesen, in kühlen Nächten und geraden Zahlen. Yin zeigt sich in der Stimmung des Abends, der Nacht, der Vergangenheit, in Tälern und in der Kraft, die nach innen geht.

Yin und Yang sind nicht statisch, sondern sie verändern sich. So wie ein Bach zur Zeit der Eisschmelze sich in einen reißenden Fluss verwandeln kann und damit vom Yin zum Yang avanciert, so kann irgendwann auch ein kleiner Baum übermächtig groß werden und ein Zuviel an Yin produzieren, in dem er seine mächtigen Schatten wirft und das Licht verdunkelt und Feuchtigkeit zum Gebäude hin bindet. Wer erfolgreich agieren möchte, sollte um sich herum eine Balance von Yin und Yang schaffen. So sollten sich glatte Oberflächen mit rauen abwechseln, große, offene Hallen ihr Pendant in gemütlichen, geschützten, kleinen Räumen finden. Sonnendurchflutete Räume sollten sich durch schattige Bereiche ergänzen, helle Einrichtungsgegenstände sollten einen dunklen Belag oder Wände als Ergänzung und Harmonie erhalten.

Yin ist ein Oberbegriff, der alles beinhaltet, was niedrig, kühl und horizontal ist. Yang umfasst alles, was warm, vertikal und hoch ist.

Yin ist schwer, niedrig, horizontal und kühl. Eine Atmosphäre von Yin schaffen Sie beispielsweise mit eisblauen Farben und metallischen Materialien. Eine Yin-Umgebung schätzen Männer, denn das überwiegende Yang im Manne sucht, um sich zu harmonisieren, das Yin der Umgebung. Das kühle Ambiente ist etwas für *heiße Typen, die sich runterkühlen* müssen. Anders ist es bei Frauen. Sie suchen die Umgebung des Yangs, der Wärme: warme Farben, einladende Sessel, Pflanzen und runde Formen. Es ist im Übrigen bekannt, dass sich Männer in einer Atmosphäre von Metall, Schwarz, Weiß und Grautönen besonders gut fühlen. Diese Kombination unterstreicht Coolness, die heute das A-und-O im Business ist. Cool, sprich kühl sind nun mal Materialien, die sich kühl anfühlen, und der graue oder blaue Anzug ist heute in der Geschäftswelt noch immer gefragt, um sich mit Coolness zu umgeben und als überlegener Geschäftsmann oder -frau zu wirken.

Im Friseursalon sind häufig die Männer die eigentlichen Figaros, und das Ambiente ist deshalb oft von Coolness geprägt. Figaros, die sich auf eine weibliche Kundschaft eingestellt haben, geben ihren Kundinnen, was sie eigentlich wollen, nämlich eine warme Atmosphäre in Farben der Sonne in einem weichen, runden Ambiente. Auch Materialien wie schwerer Marmor, dunkles Mobiliar, quadratische oder rechteckige Formen, die durch den Fußbodenbelag, die Möblierung oder die Musterung gegeben sein können, unterstützen die weibliche Wohlfühlatmosphäre.

Yin kann und sollte nicht allein sein. Kühles benötigt Warmes und Waagerechtes das Senkrechte. Was vorn im Raum ist, sucht sein Pendant im hinteren Raumteil. Was rechts ist, möchte auch links wieder erscheinen und was am Boden ist, seine Entsprechung an der Decke haben.

Das Leben sucht seine Balance, sein Yin und Yang, um Kraft und Wohlgefühl daraus zu schöpfen.

Yang ist wichtig, ja oftmals essentiell, um in niedrigen Räumen die Harmonie und das Lebensgefühl wieder herzustellen. Wer Yang in diese Räume bringt, wird Linienführungen anstreben, die das Senkrechte betonen. Auf diese Weise wird man die stagnierende Tristesse im Raum entfernen und die Waagschale hin zur Ausgewogenheit bewegen. Das Wohlfühlgefühl als Folge bleibt nicht aus. Wer meint, er habe keinen Platz für Zusätzliches, dem rate ich zu Licht. Denn Licht ist ein Faktor, der die Senkrechte, die Säule erzeugen oder eine Decke anstrahlen kann, um Yang in den Raum zu bringen.

Wer Yang in den Raum integriert, wird Wachstum und Gedeihen signalisieren, ohne das ein Unternehmen nicht auskommen kann.

Dennoch sind beide, Yin und Yang, notwendig, um ein harmonisches Gleichgewicht im Raum zu erzeugen und damit Wohlgefühle auch dem Kunden zu vermitteln.

Yin und Yang nehmen bei jeder Firmenberatung eine Schlüsselposition ein. Yin und Yang ergänzen sich idealerweise zur Gesamtharmonie. Niedrige, dunkle Geschäftsräume mit dunklen Belägen und düsteren Bildszenen verkörpern Yin, die Kraft, die ruhig, drückend und weniger antriebsstark wirkt. Diese Räume könnten sich auf Kreativität und Produktivität der dort Beschäftigten ungünstig auswirken.

Yin symbolisiert den kühlen und ruhenden Aspekt.

Yin erreicht man durch *dunkle Bodenbeläge, weiche Sitzmöbel, samtige, schwere Stoffe und Möbel, kleinkarierte Muster, schwere und dekorative Gegenstände, Warte- und Pausenbereiche, Bilder mit stillem, beschaulichem Inhalt, sitzende oder liegende Figuren, die Betonung der Horizontalen, kühle und dunkle Farben.*

Yang wird als lebhafte, leichte, pulsierende und aktive Energie bezeichnet und führt zu Optimismus und dem Verlangen, etwas zu unternehmen.

Yang-Räume sind große Räume, oft mit hohen Decken versehen. Sie präsentieren sich hell und luftig. Die Einrichtung ist in der vertikalen Linie mit Säulen betont. Die Wände sind in hellen Sommerfarben gestrichen, Bilder und Wasserobjekte groß und auffallend. Die Beleuchtung ist hervorragend, klare und strahlende Farben beherrschen die Atmosphäre. Zusammen mit senkrechten Formenbetonungen ergibt sich daraus resultierend ein Arbeitsklima von Kreativität und Elan.

***Nachfolgend möchte ich gern einige Möglichkeiten aufzeigen, durch die man einem Raum kreative Energie, nämlich Yang, vermitteln kann, z. B. durch** große Fenster, von der Decke kommende, nicht blendende Lichtquellen, Farben wie Gelb, Rot und Orange, großblumige Muster, frische Luft in den Räumen, bewegliche Objekte, Betonung der Vertikalen wie Säulenstrukturen, große und kräftige Pflanzen, große Wasserobjekte, große, aufrecht stehende Skulpturen, Figuren mit lächelndem Gesichtsausdruck.*

Alles benötigt Balance. Im Salon sind zwei Drittel Yang und ein Drittel Yin ratsam, um Harmonie zu erzeugen. Yin und Yang zu balancieren, ist wie der Tanz auf einem Seil. Zu viel Yin auf der einen oder zu viel Yang auf der anderen Seite bringt den Seiltänzer aus dem Gleichgewicht.

Manager japanischer Firmen ziehen sich zur Erholung gern in Klöster zurück, um dem Yang des Alltags zu entfliehen. Es gibt alternativ bereits Hotels, die das Gleichgewicht von Yin und Yang hergestellt und sich deshalb einen Namen als Erholungsoasen erworben haben.

Wenn die Hektik im Unternehmen überwiegen und zu wenig Effizienz zu verzeichnen sein sollte, dann prüft man am besten zunächst die Ausgewogenheit von Yin und Yang. Helle und dunkle Flächen würden sich günstiger Weise mit rauen und glatten Oberflächenstrukturen abwechseln.

Franks Salon soll diese Balance erhalten. Wir entwickeln aus dem Grund ein Konzept von Farb- und Formwechseln und spielen so mit den Gegensätzen von Yin und Yang, um Harmonie zu erzeugen.

Jetzt kommt die nächste Stufe der Planung. Ich prüfe die fünf Elemente. Sie dürfen keinesfalls in einem erfolgreichen Salon fehlen.

Yin und Yang bilden die fünf Elemente. Sie sind die Grundlage für eine Art ‚Aku-punktur' des Raumes. Wer die richtigen Farben, Formen und Materialien entspre-chend der Himmelsrichtung wählt, klinkt sich ein in die Erfolgsenergie des Univer-sums. Dass dies funktioniert, beweisen Unternehmen auf der ganzen Welt, die meist mit ihren Feng Shui-Meistern im Stillen zusammen agieren. Während meiner langen Arbeitsjahre mit Feng Shui ist es mir gelungen, Weltunternehmen durch Feng Shui neue Wachstumschancen zu erschließen und sie somit in ihrer Firmenstrategie zu unterstützen. Das Fazit war fast ausnahmslos weniger Ausfall durch kranke Mitarbeiter, höhere Umsätze und Prestigegewinn.

Die Grundlage aller Beratungen ist eine genaue Chi-Fluss-Analyse, sind Be-rechnungen der so genannten ‚Fliegenden Sterne' und die Anwendung der fünf Elemente. Die fünf Elemente sind im wörtlichen Sinn als elementare Kräfte der Natur zu verstehen, die durch den Lauf der Sonne und des Jahres entstehen. Fühlt man ein-mal eine Nordwand an, so ist diese kühl und hat mehr Feuchtigkeit als eine Südwand, die warm und trocken ist. Wie man sich in die Energieformen der jeweiligen Himmelsrichtungen einklinkt und daraus Kraftpotenziale für das Innere gewinnt, möchte ich anschließend näher erläutern.

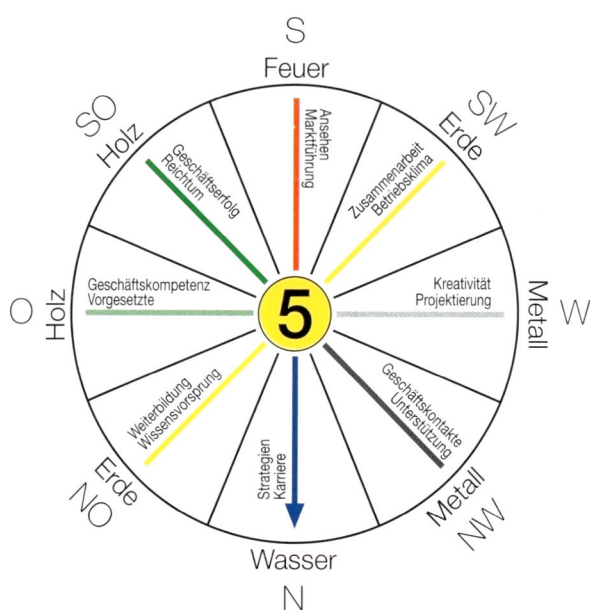

Das Element Feuer ist im Süden zu finden

Feuerenergie kann man herstellen, indem man Farben des Rotbereiches im Süden des Salons verwendet und Formen, die nach oben züngeln, wie Flammen und Licht als produktive Quelle von Feuerenergie nutzt. Wer das Feuerelement verstärkt, legt auf den Bereich der Anerkennung seinen Focus. Die Anstrengungen werden bemerkt und gelobt. Deshalb kann man auch Meisterbriefe und Urkunden im Bereich des Südens aufhängen, denn die Feuerenergie trägt dazu bei, dass diese ins Rampenlicht der Öffentlichkeit geraten. *Fazit: Förderung von Prestige und Anerkennung.*

Das Element *Erde* ist im Südwesten und Nordosten zu finden

Erdenergie kann man herstellen, indem man Farben des Gelbbereichs verwendet, Formen, die horizontal liegen, Gegenstände, die schwer sind und Mobiliar, das sich in der Braun- und Gelbpalette bewegt. Verwendet man im Südwesten und Nordosten auch Materialien aus Stein, Terrakotta und Marmor, so hat man einen direkten Bezug zur Energie der jeweiligen Himmelsrichtung hergestellt. Wer das Erdelement verstärkt, legt seinen Focus in den Bereich der Zusammenarbeit und der Weiterbildung. Die Mitarbeiter werden sich wohl fühlen in einer solchen farblichen und materiellen Struktur. Insbesondere Kundinnen lieben die Gelbpalette, Pastell, Orangetöne, und Apricot. *Fazit: Förderung der Zusammenarbeit und der Weiterbildung.*

Das Element *Metall* ist im Westen und Nordwesten zu finden

Metallenergie kann man herstellen, indem man Farben des Grau-/Weißbereichs verwendet, und mit runden Formen sowie metallischen Objekten. Wer das Metallelement verstärkt, legt seinen Focus auf den Bereich der kreativen Ideen. Aber Achtung! Das Metallelement richtet seine Kraft nach innen, schafft eine harte und technischkalte Umgebung. Deshalb nicht zuviel des Guten tun!

Es gibt Salons, die das Metallelement gestalterisch repräsentieren. Der Boden ist meist auch aus Metall oder hoch glänzend, die Einrichtung Schwarz, Grau und Weiß. Hier herrschen Kreationen vor, die mit etwas Farbe aus dem Gelbbereich die Kälte und das Technische verlieren und für die Seele angenehm wirken. Ich empfehle in der Regel, Licht zu nutzen, dass in diesem Spektrum auf einer weißen Wand hervorragende Arbeit leistet, oder ein Transparent in den entsprechenden warmen Farben, als Pendant zum kühlen Grau. *Fazit: Förderung der kreativen Ideen und der jungen Mitarbeiter.*

Das Element *Wasser* ist im Norden zu finden

Wasserenergie kann man herstellen, indem man Farben des Blaubereiches verwendet und fließende Formen. Auch Wasserobjekte sind förderlich. Wer das Element Wasser auf diese Weise verstärkt, legt seinen Focus auf den Bereich der Karriere. *Fazit: Förderung der Unternehmensstrategien im Hinblick auf eine lange Dauer des Bestehens.*

Das Element *Holz* ist im Osten und Südosten zu finden

Holzenergie kann man herstellen, indem man Farben des Grünbereichs verwendet und Formen, die vertikal streben wie Streifen, Bambus und andere Pflanzen. Wer das Holzelement verstärkt, legt auf den Bereich Wachstum des Unternehmens wert. Er signalisiert mit den aufstrebenden Linien und der Wachstumsfarbe Grün, dass er hoch hinaus möchte. Verwendet man die Symbolik entsprechend an der Ost- und Südostseite des Salons, so klinkt man sich in die elementaren Kräfte der Himmelsrichtung ein. *Fazit: Förderung des Wachstums der Geschäftsideen und Unterstützung der Geschäftsleitung.*

Im vorher Gesagten haben wir etwas über die Anwendung der Farben nach den Himmelsichtungen erfahren, wie sie seit Urgedenken im Sinne von Feng Shui angewendet werden. Die Anwendung von Farbpaaren in einem Salon bringt Energie und Schwung. Auf der Ebene von Plus und Minus, Yin und Yang, also auf der Ebene der Waagschalen, werden im Raum farbliche Gegenspiele zusammengebracht. Beide erzeugen in ihrem Zusammenspiel Harmonie. Wir nutzen Komplementärfarben, um Balance zu erzeugen und Wohlgefühl!

Rottöne müssen sparsam verwendet werden und benötigen auf der Gegenseite Grüntöne, Pflanzen, Bilder, Bambus oder Holzmaterialien, um Harmonie zu erzeugen. Orange- und Gelbtöne benötigen als Gegenspieler Blau, Wasser- oder Kunstobjekte und Einrichtungsgegenstände aus dem Blaubereich. Lila und Aubergine sollten genauso sparsam Verwendung finden wie Rottöne. Auf ihrer Gegenseite liegt Gelb, das gerade zum dunkleren Aubergineton wieder Licht und Heiterkeit in den Raum bringt. Lindgrün verlangt nach Rosé und Weiß nach schwarzen Impulsen.

Viel Spaß beim Spiel der Gegensätze, um Harmonie im Salon zu erzielen!

Wie man wohltätiges Chi sammelt

»Schaffen wir für deinen Salon das so genannte Xue, Frank.« Dies ist ein u-förmiges Raumgebilde, vergleichbar mit einer Wanne. Das Xue erzeugt Geborgenheit und das Gefühl, willkommen zu sein. Auf Bahnhofsarealen fehlt beispielsweise das Chi-sammelnde Xue und es zieht die Menschen förmlich weg. Sobald aber Aufsteller und Bänke zurückgesetzt werden, entsteht eine geschützte Atmosphäre. Dort finden sich auch Menschen ein. Oder denken wir nur an Bushaltestellen, die Schutz vor Regen und Wind geben. Sie bilden ebenfalls ein Xue.

Mit dem Xue sammelt man wohltuendes Chi. Dies ist die beste Voraussetzung dafür, dass sich Kunden wohlfühlen werden.

Sehen wir nachfolgend Raumformen an, die das Chi sammeln.

Mit der Schildkröte im Rücken

Wer schon einmal ungeschützt mit dem Rücken zu einem großen Fenster, einem Flur, einem offenen Raum oder einer Türöffnung hin gesessen hat, weiß, wie sich das anfühlt. Manche Menschen bekommen Rückenverspannungen, sind oft grippal erkrankt oder leiden unter Konzentrationsmangel. Eine gute Wand im Rücken zu haben ist ein stabiler Schutz, vergleichbar mit einem Schildkrötenpanzer. Das gibt Durchhaltevermögen, Beständigkeit und Ausdauer. Wenn man mit dem Rücken zur Wand sitzt oder steht oder über den Spiegel die Übersicht über das behält, was sich hinter dem Rücken ereignet, fühlt man sich ruhiger, geschützter und sicherer. Man kann so seine ganze Aufmerksamkeit der Arbeit widmen und die Kunden sind dankbar, diese Wertschätzung zu erfahren und bedanken sich mit Treue.

Feng Shui, ein Schachzug für den Erfolg

Nachdem wir alle Grundzüge für ein gutes Feng Shui besprochen haben, gehen wir durch die Räume und entwickeln den endgültigen Umbauplan. Meine Berechnungen und Energieanalysen fließen in den zukünftigen Plan mit ein, und die Welonda-Architektin, Frank und Uwe helfen mit ihren fachmännischen Ratschlägen bei der Anwendung und Umsetzung der Feng Shui-Prinzipien. Wir sind allesamt äußerst kreativ und geben unser Bestes. Frank erklärt, was er im Salon verwirklichen möchte, und ich kreiere für ihn einen Namen für den Wellness-Bereich und das Logo. Im Feng Shui gehört auch das zur Beratung eines Kunden. Denn Außenauftritt und Werbung sind mitentscheidend für den Erfolg.

Frank wird in Kürze alles verwirklicht haben, was zu einem guten Figaro gehört: Seine Räume werden nach Wind und Wasser eingerichtet sein und die Seele seiner Kundinnen und Kunden wird er durch ihre Haare ergründen. Schon jetzt hat er seine Kundinnen zu Königinnen gemacht und selbst die Kleinsten geachtet wie die Großen. Welch ein Vorbild! Auf der ganzen Welt ist er im Auftrag von Wella zuhause. Er hat Augen und Ohren offen für das Außergewöhnliche in seinem Beruf.

Stunden später sind wir alle glücklich, einen phantastischen Plan im Sinne von Feng Shui entwickelt zu haben, und sehen das Endprodukt schon vor uns. Für heute schließen wir mit einem italienischen Essen bei *Angelo* den Tag ab, und ich fahre mit Uwe zurück in den Taunus. Für Uwe war dies ein bedeutungsvoller Tag. Er sagte, dass er vieles so gemacht hätte, wie ich es vorgeschlagen habe, aber dass Feng Shui ihm nun die entsprechenden Begründungen geliefert habe. Auch hatte er zuvor noch nichts von Energiefluss gehört und davon, dass die äußere Erscheinung eines Ladens und die Umgebung eine so große Rolle für den Erfolg eines Unternehmens spielen. Er ist so begeistert, dass er beschließt, bei mir Feng Shui zu studieren. Zum Abschied drücke ich ihm die Termine für die Ausbildung in die Hand. Ich weiß, er wird ein guter Adept sein und das Gelernte bei seinen Ausbauten und Badeinrichtungen erfolgreich zum Wohle seiner Kunden anwenden.

Am nächsten Tag rufe ich Frank an, um mich zu erkundigen, wie ihm meine Beratung gefallen habe. Er sei überrascht, erklärt er, eine solche Fülle von Informationen bekommen zu haben und nach fünf Stunden Beratung sei auch er geschafft gewesen. Ich verabrede mit ihm, an unserem Manuskript weiterzuarbeiten und es ihm zuzusenden, sobald es fertig ist.

Es gehen einige Wochen ins Land, bis ich Frank wieder zu Gesicht bekomme. An einem sonnigen Nachmittag in Frankfurt ist es dann so weit. Er hält den fertig gezeichneten Plan für seinen Salon in der rechten und das ihm zugesandte Manuskript in der linken Hand. »Ich möchte allen Kollegen und Kolleginnen ein gutes Feng Shui wünschen und ihnen Mut zusprechen, neue Wege zu gehen. Wie sagt doch eine chinesische Weisheit:

Fürchte dich nicht vor dem langsamen Vorwärtsgehen, fürchte dich nur vor dem Stehenbleiben!«

Lass mich ergänzen, Frank:

»Haare gut – alles gut! Denn es gibt ein Happy End für alle, die mit Wind und Wasser agieren und Kunden und Kundinnen zu ihren Freunden machen.«

Ein paar Tage später sind Ulla, Edward und Norbert bei mir zu Gast. Wir würdigen unser Zusammensein mit einem Grauburgunder. Sie haben ebenso wie Frank das Manuskript gelesen, und wir haben Gesprächsstoff bis in die Nacht hinein. Ulla hat sich wieder gefunden in der Beziehung zu ihrer Mutter und ihre Freundin, die in einem Feuerjahr, nämlich 1957, geboren wurde, hatte tatsächlich immer mal wieder den Wunsch gehabt und diesen auch in die Tat umgesetzt, sich die Haare rot zu färben. Norbert fand den Teil mit dem Pomadenlook übertrieben, und Edward war von den Wind und Wasser-Ansichten eines Friseursalons überrascht. »Gibt es wirklich bessere Erfolge, wenn man Feng Shui anwendet?«, fragt er ungläubig. Ich muss lachen, weil ich seit vielen Jahren Rückmeldungen von zufriedenen Ladeninhabern bekomme. »Ja«, sage ich. »Feng Shui ist ein Puzzleteil auf dem Weg zum Erfolg und ausnahmslos jede Branche kann es anwenden.«

Es ist schon nach Mitternacht, als wir uns trennen. Meine Freunde sind mir ans Herz gewachsen und ich bin ihnen dankbar für ihre Hinweise, Anregungen und Kritiken. Feng Shui ist zu einem wichtigen Bestandteil meines Lebens geworden. Ich integriere mein Wissen in alles, was ich tue, denn ich habe aus eigenen Erfahrungen gelernt: Mit Energie geht alles leichter.

*Wir wünschen Ihnen Erfolg,
Reichtum, Fortschritt, Wohlstand,
Harmonie und Gesundheit*

Frank Brormann und Olivia Moogk

Buchempfehlungen

Was Haare verraten, MICHAEL ODOUL / REMY PORTRAIT, Aurum Verlag

Fashion in Hair, RICHARD CORSON, Peter Owen Verlag

Stilkunde – Frisurenkunde, MÖLLER-DOMINIK, Verlag Handwerk und Technik

Mode-Kunde, CHARLOTTE LOWACK, Verlag Handwerk und Technik

Fashion Source Book, AMY DE LA HEYE, Macdonald Orbis

Ausstrahlung, REGINA FÖRST, Kösel Verlag

Was Gesichter verraten, LAILAN YOUNG, Weltbild Verlag

Das offene Geheimnis, WALTER SCHELS, Mosaik Verlag

Frauen, die die Welt bewegten, MARTHA SCHAD, Aptloch Verlag

Bildnachweis

Frank Brormanns Leidenschaft sind englische Schnitttechniken und Hochsteck-frisuren – wen wundert's, denn er hat bei den Koryphäen dieser Kunst gelernt und gearbeitet: im Hause *Vidal Sassoon* in Hamburg und im Salon des international bekannten Langhaar-Experten PATRICK CAMERON in London. Inzwischen besitzt Frank Brormann in Westfalen zwei eigene Salons, einer davon komplett eingerichtet nach den Regeln von Feng Shui. Hier werden, je nach Kundenwunsch, Geist, Körper und Haare verwöhnt oder auch nur Haare auf höchstem Niveau gepflegt und gestylt.

Frank Brormann stellt sein Können und seine Kreativität jedoch nicht nur täglich im Salon unter Beweis. Jedes Jahr präsentiert er mit viel Erfolg weltweit seine eigene Kollektion. Seit 1996 ist er Top Akteur der *Wella AG* und somit national und internatio-nal bei vielen Shows, Seminaren und anderen Veranstaltungen vertreten. Im Jahr 2002 stand er unter anderem auf großen Tourneen in Korea, Chile und Brasilien im Rampenlicht, genauso wie auf Fotoshootings in Mailand, Barcelona oder Paris. Außerdem erarbeitete Frank Brormann gemeinsam mit anderen renommierten, inter-nationalen Hairstylisten die *Wella Trend Vision* – »haarige Interpretationen« der Trends von morgen. Weitere Höhepunkte seiner bisherigen Karriere waren Präsentationen beim *London World Hairdressing Congress* in den Jahren 1999 und 2000 sowie seine Show für *Wella* auf der *Hair World 2000*. Positive Resonanz der internationalen Presse, sei es in Zeitschriften, Funk oder Fernsehen, bestätigt seither uneingeschränkt seinen anerkannten Rang.

www.frank-brormann.de
frankbrormann@t-online.de

Olivia Moogk, Jahrgang 1957, brachte 1988 das Feng Shui-Wissen originär aus China mit. Als erste deutsche Frau bildete sie auf diesem Sektor aus und stellte hohe Maßstäbe an sich und ihre Adepten. Ihre Kontakte nach China und zu Großmeistern des Feng Shui beflügelten sie 1995 zur Gründung eines eigenen Feng Shui Institutes für Ausbildung und Beratung. 1998 wurde sie Mitglied der internationalen *Feng Shui Research Association* der Wuhan University in China.

Diverse Veröffentlichungen in Fachzeitschriften und Magazinen wie Öko-Test, FAZ, Haus & Markt u.s.w. führten zu einer regen Nachfrage bei Funk und Fernsehen wie HR3, RTL, ZDF, VOX u.a.

Folgende Bücher empfiehlt Ihnen Frau Moogk als weiterführende Literatur zum Thema Feng Shui:

Geheimsymbolik des Feng Shui, Silberschnur Verlag, 1999
ISBN 3-931-652-63-7
Der große Feng Shui Ratgeber, Feng Shui Institut Moogk, 2. Aufl. 2002
ISBN 3-00-009077-0
Beauty Feng Shui - Die acht Säulen der Schönheit, Silberschnur Verlag, 1999
ISBN 3-931-652-70-X
Feng Shui - Neun erfolgreiche Strategien für Gewinner, Silberschnur Verlag, 2000
ISBN 3-931-652-54-8
OLIVIA MOOGKS *Glückskarten - Ihr persönlicher Ratgeber*, 78 Karten
Silberschnur Verlag, 2002, ISBN 3-89845-016-2

Kontaktadresse für Ausbildung und Beratung:
Internationales Feng Shui Institut Moogk
Breslauerstrasse 2 B, 65307 Bad Schwalbach
tel.: 0049 (0) 6124 - 725380/1
fax: 0049 (0) 6124 - 725382
e-mail: fengshuimoogk@telda.net

Östliche Weisheit für den Westen erfahrbar gemacht

Olivia Moogk

Beauty Feng Shui

Die acht Säulen der Schönheit

Die Autorin, die in China studierte und seit über einem Jahrzehnt die Wissenschaft des Feng Shui lehrt, nimmt Sie auf eine Reise ins Beauty-Reich mit. Als Feng-Shui-Expertin berät sie Firmen und Privatleute rund um den Globus und hat 1998 die »International Feng Shui Research Association« gegründet. In diesem einmaligen Buch zeigt sie, wie die alte chinesische Wissenschaft mit ihren kaiserlichen Verjüngungsübungen, wohltuenden Tee-Kuren, Duftessenz-Bädern, schönen Farben und wohltuenden Formen auch das individuelle Aussehen fördern kann. Schönheit wird ganzheitlich gesehen, als Ergebnis eines excellenten Feng Shui mit einem balancierten Maß der Elemente Wind und Wasser. Ob Kosmetikerinnen, Ernährungsberater, Innenarchitekten, Dekorateure, Landschaftsgestalter, Psychologen oder Menschen in Gesundheitsberufen, alle werden für sich und ihre Klientel aus dem Wissensschatz dieses Buches schöpfen können.

136 Seiten, gebunden, vierfarbig
€[D] 24,90 / sFr 42,00
Silberschnur Verlag / ISBN 3-931-652-70-x